SQ選書
01

帝国か民主か

中国と東アジア問題

子安宣邦
KOYASU Nobukuni

社会評論社

帝国か民主か——中国と東アジア問題＊目次

まえがき　なぜ「でもくらてぃあ」なのか

小田実は一九九五年の阪神淡路大震災の被災体験と被災者の救助と援護活動を通じて、彼の民に立つ立場《デモクラシー》をいっそう深化させていった。小田はその立場を平仮名書きで「でもくらてぃあ」といった。「でもくらてぃあ」とは何か。なぜ彼は平仮名で「でもくらてぃあ」というのか。そしてなぜいま「でもくらてぃあ」なのか。

小田は古代アテネの市民国家における「デモス」という言葉から考える。「デモス」とは「住民自治区」とその地区の「住民」を意味するとともに、市民国家の「民」を意味していた。すなわち毎日のようにアゴラ（集会広場）に来てはワイワイガヤガヤと意見を交わすような「民」を意味していたと小田はいうのである。ちなみに小田のいう言葉はつねにこの「ワイワイガヤガヤ」の再生の趣きをもっている。「デモス」が「地区住民」であるとともに一般的な「民」であるとは、こういうことだと小田はいう。

「それこそ毎日「アゴラ」へ来てワイワイガヤガヤやっていた、あるいはウロウロウロウヨウヨしていた。そして、おたがいの素性もよく判らぬままに「アゴラ」の近くのプニュクスの丘なる大衆集会の場に駆け上って、宣戦布告して戦争をするや否やの自らの死活にかかわる問題の決定にまで参加していた「民」としての「デモス」でもあったことです。[*1]」

「デモス」が「住民自治区」あるいはその「住民」と、「民」との両義をもちながら、しかし「民」に国家の最高の決定権を置いたことこそ、「市民国家」が「住民国家」ではなく、まさしく「市民の国家」でありえた最大の理由があると小田はいうのである。小田がここで「住民国家」を「町内会国家」と比喩的にいいかえているのが面白い。わが日本には戦前・戦中からダラダラと持ち越してしまった「町内会」という一番下の住民組織がある。この町内会から住民の要求を町村（議会・議員）へ、そして県（議会・議員）へ、さらに国（国会・代議士）へと汲み上げ、積み上げていく陳情システムがあたかも民主主義的な〈下意上達〉の手続きであるかのように思われている。しかしこの下からの積み上げ的な陳情はつねに政府・官僚による〈上意下達〉の政策的決定をその結果として見ることにしかならないのである。こうした〈下意上達〉が実は〈上意下達〉でしかない〈民主的手続き的国家〉を小田は「住民国家」といい「町内会国家」と揶揄するのである。ポリスが「住民国家」ではなく「市民国家」であるためには、「民」が「住民」であることをこえて、国家の最高の決定をなしうる力（クラトス）をもつものにならねばならない。その力をもった「民」が「市民」であり、その「市民」によって「市民国家」

はじめて成立すると小田はいうのである。「デモクラティア」とはこの「市民国家」を形成する〈民の力〉からなるポリスの政治原理をいうのである。小田はこの「デモクラティア」からわれわれ現代社会のあるべき政治原理「でもくらてぃあ」を導くに当たって、これを再定義している。

「私たち人間にとってもっとも必要なことは、政治をできるかぎり人間的なものにすることです。べつの言い方で言えば、政治を「人間の基本《ヒューマン・ファンダメンタルズ》」にできるかぎり即したものにする、この「人間の基本」にもっとも即した政治原理、そして、実際のありよう、かたちが、私は「でもくらてぃあ」だと考えています。」

ではなぜ「デモクラティア」ではなく平仮名の「でもくらてぃあ」なのか。小田は、「私の考える「でもくらてぃあ」はそうした古代アテナイの、あるいは、古代アテナイ以来の「デモクラティア」、差別、排他、抑圧、支配、侵略の「伝統」と手を切った、そしてまた、軍事、戦争、暴力、それら一切のキナくさい、血なまぐさいものを拒否することに基本を定めた「でもくらてぃあ」です。その根本的ちがいを確認しておく意味で「デモクラティア」と片仮名で書くのではなく平仮名で「でもくらてぃあ」と書くことにしたのです」という。

私はこの小田の「でもくらてぃあ」という〈民＝人〉の生きる要求の直接性に立ち、この原点的要求の直接性を議会主義的に喪失させない市民運動とその原理に、幸徳秋水のアナーキズム的「直接行動論」の最善の形での再生を見ている。

私は昨年(二〇一四年)本書を構成する「中国問題」をめぐる諸論を市民講座で半年にわたって語った後、市民講座のテーマを「〈大正〉を読む」に変えていった。私は〈大正〉を読み直すことによって〈昭和〉を、そして〈戦後〉を読み直すことを考えたからである。私はこの読み直し作業を〈大逆事件〉から始めた。この〈大逆事件〉の読み直しは、この国家による幸徳らの社会主義思想の扼殺とともに、その思想の生命的基盤というべき「直接行動論」も殺され、われわれの間から失われてしまったのではないかという思いを私に生じさせた。

幸徳の「直接行動論」とは、労働者民衆の「パンの要求」の直接性に立ち、議会主義的政治過程に委ねることなく、自律的な運動にそれをもち続けていこうとする労働運動の戦術論であり、思想的な戦略論でもあった。〈大逆事件〉はこの「直接行動論」を〈大逆罪〉を構成する無政府主義者の謀叛行動として扼殺したのである。そして社会主義運動の内部からもそれは消され、失われていったのである。日本の社会主義運動と反体制運動はアナーキズムという非権力的で、反議会主義、反政治主義的な自律的な民衆・市民運動という思想原理を失ったのである。

党派性や機関主義的組織性を否定して、市民個々人の自発性にもとづく、自由で自律的な運動を戦後日本に実現させていったのは小田実のべ平連であった。その小田は戦争で〈難死〉を強いられた〈民〉に、大震災における〈棄民〉を重ねながら、この〈民〉の憤りを小田は「直接行動論」的なデモクラシー、すなわち「でもくてぃあ」という〈民〉の運動原理に表現していったのである。この「でもくらてぃあ」は〈民〉の要求が議会主義的な政治的過程に解消されることを拒絶する。それはまた〈民〉の運動が国家主義・民族主義的なものへの変身をも拒絶する。それはむしろ国家をこえた〈民〉の連帯を求める運動である。なぜなら「でもくらてぃあ」とは、「古代アテナイ以来の「デモクラティア」」、差別、排他、抑圧、支配、侵略の「伝統」と手を切った、そしてまた、軍事、戦争、暴力、それら一切のキナくさい、血なまぐさいものを拒否する」ことに基本を定めた〈民〉の運動原理であるからだ。ここで小田がいう古代アテナイ以来の「デモクラティア」は、近代の帝国主義的国家、植民地主義的国家の政治体制原理でもあったのである。二一世紀の現代においてもそれはグローバルな緊張的対立をする一方の優越的国家群（帝国）の政治的体制原理であり続けているのである。こう考えてくれば、なぜいま「でもくらてぃあ」なのかは、世界と東アジアの現状に正面するものには直ちに理解されるはずである。

私は小田を「直接行動論」的アナーキズムの二一世紀的再生者として「アナルコ・デモクラット」と呼びたいと思っている。小田はこの呼び方に不満だろうか。「オレはオレだ」とあの世で彼は吠えているかもしれない。だが小田の「でもくらてぃあ」をいま〈民〉の要求に直接する「直接行動論」的市民運動の原理としてとらえていくことは、私が本書でしている問いかけへの最良の答えを示唆するものであるだろう。

私が本書でした問いかけは、一つは「自由」や「民主主義」という普遍的価値をもう一度、真に人類的な価値として輝かしていくことはアジアにおいて可能かという問題であった。それは竹内好が「方法としてのアジア」として提起した問題である。もう一つはグローバリズムがあらゆるところで紛争をもたらしながら〈帝国〉的再編を進めている世界のここ東アジアにおいて、各地市民によってなされる民主的「直接行動」的運動の積極的な連帯と意味づけにかかわる問題である。小田の「でもくらてぃあ」を貴重な示唆として、私は本書の読者とともにこれらの問題を東アジアにおける市民運動の中で考えていきたい。

私がここに引いた小田の「でもくらてぃあ」論は、彼の著書『でもくらてぃあ』の「少し長いあとがき」として書かれたものである。私は小田のこの問いかけへの私の応答を本書の「少し長いまえがき」として書いた。

[注]
＊1　小田実『でもくらてぃあ』（筑摩書房、一九九六）「少し長いあとがき」から。

第1章　いま〈中国〉が問われている
――台湾学生〈民主的決起〉の意味するところ

私はいま〈中国とは何か〉があらためて問わねばならない問題としてあると思ってきた。「中国問題」をめぐる新たな講座の構想を立てようとしていたとき、台湾における〈中台服務貿易協定〉をめぐる学生による立法院占拠という抗議行動の報が飛び込んできた。私は抱えていた仕事を大急ぎで片付けて、ともかくも台北に飛んでいった。私は台北の学生・市民による抗議行動の実際に触れて、これから私が問おうとする「中国問題」の現実的生起がここにあると思ったし、その抗議運動に東アジアにおけるわれわれの運動の先駆するあり方をも見出した。「中国問題」をめぐる新たな講座の序論を、私は今回の台湾体験から書き始めることにした。

1　なぜ私は台湾に飛んだのか

四月二日（二〇一四年）の午後台北の松山空港に着いた私は直ちに学生たちが占拠する立法院

に向かった。中央研究院の呉叡人氏の案内で立法院に入って私は学生たちに会った。その学生たちからも、そして私を取り囲んだ台湾のメディアからも私は質問された。なぜ日本人は中台服務（サービス）貿易協定[*1]に対する台湾の学生・市民による抗議行動にほとんど関心を向けることがないのか。にもかかわらずなぜお前は台湾にいま飛んできたのかと。この質問は、私の台湾滞在中くりかえし私にぶつけられた。日本人は見て見ぬふりをしているのか、それとも見ようともしないのか。私は自分なりの理由づけでここに飛んできた。その理由づけは正しかったのか。私は三日間の滞在中、自問自答していた。

三月三〇日の台北における抗議行動に「五〇万人」もの市民が参加したことを日本の新聞は報じても、なぜこれほどの市民たちを抗議へとつき動かしているのか、その理由まで掘り下げて報じることを日本のメディアはしない。人びとをこれほどの規模で抗議へと動かしている問題が隣の台湾で生じている。なぜ日本人は台湾の隣人たちを激しい抗議へと突き動かしている問題とは何かを考えようとも、その問題を隣人と共有しようともしないのか。中台服務貿易協定とは中台間の問題であり、それへの抗議はただ台湾だけの問題であって、日本人のまったく与り知らぬことだとしているのだろうか。あるいは結局はこの問題は〈中国問題〉であって、〈中国問題〉への批判的報道を自主規制する日本のメディアの慣行にしたがってこの問題についての報道をも控えているのだろうか。要するに〈中国〉に遠慮しているからか。あるいは市民的蜂起への恐れからなのか。[*2]

　ではなぜ私は台湾に飛んだのか。私はいま台湾で生じている問題を日本のわれわれの問題として見たからである。私は〈中台服務貿易協定〉問題として生じていることを台湾だけではない、日本や韓国を含む東アジアの将来にかかわる問題だと思ったからである。もしわれわれが東アジアの将来に希望を見出しうるとすれば、台湾の学生・市民によるこの〈太陽花《ひまわり》〉運動の方向にしかないのではないかと思ったからである。

　台湾の馬政権の支持率は九％であるという。日本でその数字は政権の持続はもう不可能であることを示すものだが、なお馬政権は持続し、「五〇万人」の抗議にもかかわらず動揺していないように見えるのはなぜなのかと私は台湾の知人にたずねた。「彼の背後に中国があるからだ」と知人は答えた。「やはり国共合作か」と私は自分で納得するようにして呟いた。台湾では〈中国〉はすでにスキャンダラスに大きい。台湾ではある戯画が流布しているという。台湾というマンションの持ち主は馬英九の国民党で、そのマンションの電気、水道、ガスなどの供給者は中国資本であり、その供給を受けるマンションの住民が台湾人だという戯画である。中国が台湾にとってスキャンダラスな大国として存立するにいたったのは二〇〇八年以来であるとその知人はいった。その二〇〇八年とは国共合作的な政治統一問題が顕わにされた陳雲林事件[*3]が生起した年である。たしかに鄧小平の「韜光養晦《とうこうようかい》（光を隠して、時の来るのを待つ）」の教えを捨てて、中国が「核心的利益」を周辺世界、ことに南シナ海、東シナ海の海上権益について明確に主張するようになったのは二〇〇九年以降のことである。中国を世界第二位の経済大国に押し上げた経済成長が、大国的自己意識を党国家指導部だけではない、民衆の間にも形成させていったのである。大国中国は重い〈中国問題〉を東アジアに構成するにいたったのである。〈中国問題〉とは東アジアの諸国・諸地域が中国に対することで自分自身を規定せざるをえないものとして大国中国が存立するにいたっていることの問題である。それは同時に周辺世界に溢れ出るようにして生み出していく中国的イデオロギーの構成という問題、すなわち〈中華民族〉の呼号であり、〈中華帝国〉の歴史からの呼び出しであり、〈孔子と儒教〉の再構成とその帝国文化的拡張という問題である。

今回、台北に行ってはじめて馬英九総統が日本の安倍と同様の歴史修正主義者であることを知った。安倍は日本の帝国主義的戦前史とその否定としての民主的戦後史をも消して、無垢の日本国家史を修正的に再構成しようとしているが、馬英九は戦後の民主的台湾への苦難の自立史（それは白色テロをともなった国民党専制史であった）を消して大中国国家史に書き換えようとしているのである。日本では政治的重要拠点に配置された安倍の〈お友達〉が彼の歴史修正主義的本音を代弁しているが、台湾でも馬総統の〈お友達〉である王暁波（前台湾大教授、現世新大教授）が、「二・二八事件（台湾本省人の外省人官憲の横暴に対する抗議運動を国民党が軍隊をもって徹底的に弾圧した事件、一九四七年）の白色テロによる被害者数よりも、南京事件における日本軍による被害者数の方が圧倒的に多く、歴史的にも重大である」と台湾の歴史教育の修正を主張している。この二つの歴史修正主義は〈中国〉を間にして方向は逆とはいえ、それらはともに現代の東アジアで危険な、この地域人民の安全と幸福に反する政治的構図をえがくものであることを示している。

安倍の歴史修正主義は〈国家主義的日本〉を〈中国〉に対抗して強固に再形成しようとするものである。しかも重大なのは、この安倍による〈国家主義的日本〉の形成が、われわれの民主主義的な政治権利を、すでに制度的に憲法違反状態にある選挙の投票行為だけに限定し、政治的決定過程へのあらゆる民主的、市民的関与、介入の道を封鎖しながら進められていることである。一方、馬英九の〈中国国家史〉との同一化をいう歴史修正主義は、中台服務貿易協定の秘密の〈黒箱〉の中身を構成している。彼らが決して明かそうとしない〈黒箱〉の中は、馬政権の推進する中台経済関係の一体化が〈民主的台湾〉の圧殺を意味する証拠で一杯である。だから中台服務貿易協定に反対する学生・市民の運動とは本質的に〈民主的台湾〉の擁護の運動であるのだ。

台湾の学生たちは〈民主的決起〉をしたのである。これを〈民主的〉というのは、馬英九国民党政府が推進する中台貿易協定の〈黒箱〉の中身の公開と協定自体の議会だけではない市民的レベルにおける徹底的な審議（公民審議）を、民衆的生活の自立的防衛の要求を基盤にして主張するものだからである。これは台湾の〈公〉に立つ民主的な決起である。私はここに東アジアの将来にかかわる希望を見出したのである。

私がなぜ台北に飛んで行ったのか、その理由はすでに明らかだろう。安倍の民主的戦後史の抹消による歴史の国家主義的修正に反対するわれわれの戦いは、台湾の学生の〈民主的決起〉と共闘するものであること、その決起はむしろ東アジア人民の〈民主的決起〉の先駆をなすものだと知ったからである。

2 〈民主的決起〉の先駆性

日本の新聞（朝日、四月八日）にも報じられているように台湾の立法院を占拠していた太陽花運動の学生たちは、中台貿易協定の協議内容、審議過程についての「監督条例」の成立まで貿易協定の立法院における審議は先送りするという王金平立法院長の裁定を受け入れる形で、占拠していた立法院の本会議場を撤収することにしたという。事実予告通り一〇日に、学生たちは太陽花《ひまわり》を手にして占拠していた立法院の本会議場を退出した。

だがこれは決して敗北による撤退ではない。これは一定の勝利を確認した上での立法院の内部から外部への、すなわち全土の市民たちの内部への運動のより深く、より広い浸透と拡大とを意図した撤収である。私は台北で抗議運動の学生たちに接して、われわれが日本で体験した学生運動とはまったく異質のものであることを知った。私は日本の学生運動や大衆運動の体験から台湾の今回の学生運動への助言を求められたが、私はむしろ「あなた方に教えられた」と答えた。私がせめてもいったのは、「悲劇的な自滅に終わるような運動であってはならない」という日本の学生運動が与えたマイナスの教訓であった。その言葉に私を立法院内に案内してくれた呉氏は、「それは心配ない。彼らは徹底的に明るい」と笑って答えた。たしかに〈太陽花運動〉はその名の通り、開放的な、だれでもそこに座り込み、加わることのできる運動であった。

運動をリードする学生たちの言葉も、われわれの耳底になお残り続けている、あの孤立したエリート学生たちの独りよがりの絶叫ではなかった。立法院の学生による占拠という実力行使的行動も、国家のゲヴァルトを必ず呼び出すことになる学生のゲヴァルト的行動ではない。それは政府によって割愛され、拒否され、立法院自身も放棄してしまった〈審議〉を、もう一度徹底的に隠すことなく行うべきことを要求する学生たちによる議会内的座り込み（オキュペイション）であった。これは立法院における民主的審議を要求する〈民主的な決起〉なのである。したがって立法院外の路上に座り込む学生たちによってなされていったのは、立法院が放棄した〈審議〉を民間において取り戻す〈公民審議〉という街頭教室であったのである。非暴力的座り込みと〈公民審議〉とはこの〈太陽花〉運動の特色である。

私も立法院外の路上で行われた「街頭民主審議[*4]」に立ち会った。それは台湾市民の情報管理をめぐる深刻な問題を含む〈電信服務〉貿易協定を主題にするものであった。数百人の学生・市民が路上の教室に座り込んだ。台湾人の情報の管理をめぐって深刻な問題を提起する〈電信服務〉協定について立法院では審議らしい審議はなされていないという。専門家による解説的講義の後に参加者たちは十数人単位のグループに分かれ、疑問を出し合い、討議し、その結果をレポートにまとめていく。それらのレポートは意見書に集約され、立法院や行政府に送付される。この街頭教室による〈公民審議〉の過程はインターネットによって市民の間に流される。

私が何よりもこの〈公民審議〉の運動に注目するのは、政治的核心問題についての市民的レベルでの公開的な審議によって、その問題の全貌の民主的領有がはかられていることである。われわれはいま戦後日本の安全保障的国家戦略の転換ともいいうる〈集団的自衛権〉の政府による憲法解釈的な容認という問題に直面している。国家国民の安全にかかわるこの大事が、一切の民主的審議を経ることなく、一政府の了解でなされようとしている事態に、われわれは一体何をしているというのだろう。安倍たちの独善的な憲法解釈を阻止するような国会の審議もないというのなら、われわれ市民が国会周辺に座り込んで審議すればよい。私は台北の「街頭民主審議」に接して、われわれに欠けていることは何かを教えられた。

3 〈民主的台湾〉のアイデンティティー

中台服務貿易協定をめぐる徹底的な民主主義的な審議を求める台湾の今回の運動は、〈民主主義〉をスローガンに掲げたはじめての台湾の運動であったという。この運動は学生・市民に〈民主主義的台湾〉というアイデンティティーを自覚させていった。

多くの台湾の人びとは自分のアイデンティティーの曖昧さに苦しんできた。数年前、台南の成功大学で講演した際、司会をしてくれた教授が半ば自嘲的にいった。「自分のアイデンティティー問題が解決したとき、台湾はなくなっているだろう」と。政治的アイデンティティーは台湾、文化的アイデンティティーは中国というのが、私が接してきた台湾の多くの知識人・研究者たちの自己了解のあり方であったように思う。これは〈政文分離〉というべき自己了解のあり方である。この〈政文分離〉という自己了解のあり方は、〈政経分離〉という両岸的交流のあり方に対応するものである。だが文化的、言語的同一性を前提にしての経済的交流の増大は、〈政文分離〉〈政経分離〉自体を危うくさせるものだとは、台湾を訪れる度に私の実感するところであった。中台間の文化・学術交流の増大は台湾の大学・研究所の中に〈中国〉の存在感を年ごとに強めていっていると思われた。私は昨年の五月に台湾に行った際、数年後には「ここは台湾だと思ったら中国であったのか」と思わされるようになるのではないかと感じた。

中台服務貿易協定は、台湾の人びとにもろにこの危険を教えたのである。経済の一体化は政治の一体化を招くことになるのではないか。台湾は香港の二の舞を結局は演じることになるのではないか。中台服貿協定の徹底審議を要求する民主主義的要求は同時に〈民主的台湾〉の自立的持続の要求でもあるのである。日本のメディアが反服貿運動を報じても、まったく触れることもしなかったのは反服貿運動が同時に〈民主的台湾〉のための運動であることの事実である。日本のメディアが台湾に何を見て、何を見ないかは日本における中国との〈政経分離〉の実態を示すものだと私は思っている。[*5]

〈民主的台湾〉の自立的持続とは、政治的多様性、多元性をめぐる民間的な要求を一切否認する一元的な政治支配国家〈中国〉に向けてなされた〈政治的多様性〉の民主主義的要求である。これは〈民主的台湾〉という台湾アイデンティティーの自覚からなされる要求である。私が台湾の学生たちの運動に東アジアの将来に向けての希望を見出したのはこの点においてである。

4 中国の〈帝国〉的存立

〈民主的台湾〉の自立的持続の要求はどこに向けてなされるのかといえば、それはいまや〈帝国〉的に存立する中国に対してである。私はいまやっと主題にかかげた〈中国問題〉に到達した。なぜ私は中国の〈帝国〉的存立をいうのか。〈帝国〉論とは、私のこれからの「中国問題」講座の主題の一つだが、私が中国について〈帝国〉をいうのは、現代中国の存立のあり方にかかわっていうのであって、現代中国のために都合のよい〈帝国〉像を歴史から呼び出しながらいうものではない。柄谷行人らは〈帝国主義〉的国家から区別された〈帝国〉像を歴史から呼び出し、〈帝国〉概念を再構成する作業をまさに「世界史」的に展開している。[*6] 彼らの〈帝国〉論は次回からの私の主題であるが、なおここでも触れねばならないのは彼らが〈帝国主義〉から区別して歴史から呼び出そうとする〈帝国〉概念は、現代中国における専制的党=国家権力の望むところではないかということである。すなわち柄谷らの〈帝国〉概念は、チベット、ウイグル族に対する血なまぐさい暴力的な同一化を、すなわち〈帝国主義〉的従属化を、すなわち現代中国の〈帝国〉性を隠すものではないかということである。私が現代中国の〈帝国〉的存立をいうのは、一切の政治的多様性を認めない一元的・専制的な政治的支配体系としての〈帝国〉的中国の党国家のあり方をさしていうとともに、周辺民族の〈帝国主義〉的な同一化を進める中国の〈帝国〉性をもさしていうのである。

そしていまわれわれにとって問題なのは中国の〈帝国〉的存立そのものが、〈帝国〉的イデオロギーを要求しているということである。歴史から呼び出された〈帝国〉概念の再構成もそれであるし、〈大中華民族主義〉はすでに習近平政権によって鼓吹されている。そしていま〈儒教〉の文化的な〈世界＝帝国〉性がいわれようとしている。《なぜいま儒教か》とは、あまりにタイミングのよすぎる『現代思想』特集号（二〇一四年三月号）のテーマである[*7]。しかしここに見るのは日本知識人のスキャンダラスな先駆性ではないのか。だがこの先駆性は、〈民主的台湾〉の自立的持続を主張する台湾の学生運動が示した先駆性に逆立するものである。〈民主的台湾〉の主張は、政治的、文化的な一元的〈帝国〉支配を排して、東アジアを開いて行こうとする多元的東アジアの先駆的な主張である。だが〈儒教〉の〈世界＝帝国〉性の主張は、東アジアの多様的文化、知識を一元的〈帝国〉的文化として包摂して行く〈帝国〉的イデオロギーの先駆的主張である。

すでに私は「中国問題」講座の「序論」としてのべるべきことはすべてのべた。たしかに〈民主的台湾〉のための学生運動は、われわれにおける「中国問題」という問題の所在をはっきりと示してくれたのである。

（二〇一四年四月一二日）

[注]

＊1　服務は市民の日常生活にかかわる服務業（サービス）全般を意味している。それは電脳（コンピューター）服務、印刷、電信、電影（テレビ）、撮影服務、建築服務、運輸服務、医院服務、社会服務（福祉機構）、環境服務（汚水処理など）、観光旅行服務、娯楽・文化・運動服務などを包括する。

＊2　3・11以降、日本のメディアは政府とともにひたすら市民的蜂起を恐れているとしか思われない。反原発抗議行動の報道を抑制し続けた日本のメディアは依然として「政・官・財・学・報」という原発体制的システムを維持しているようにしか私には思われない。

＊3　中国の両岸協会会長陳雲林の訪台は政治統一に向けての国共合作として抗議運動をもたらした。

＊4　「街頭民主審議 Dstreet」https://sites.google.com/site/twdstreet/

＊5　日本における中国との〈政経分離〉は、中国の国家政治体制とそこから生じる問題について日本は〈何もいわない〉という容認的態度を導いている。このことは中国に対して反友好的な安倍においても同様である。政治的多様性を認めない反民主的中国と〈政経分離〉的に関係する日本もまた反民主的な国家主義的日本を形成しようとするのは逆説的同一化ともいうべきことである。

＊6　これは柄谷行人が交換様式論にもとづいて現代の〈帝国主義〉とは区別された〈帝国〉概念を歴史から再構成的に呼び出す近来の思想作業をいっている（「中国で読む『世界史の構造』」『現代思想』連載、二〇一三年五月～一〇月）。

＊7　この『現代思想』特集号の冒頭に置かれている柄谷行人と丸川哲史との対談のテーマは「帝国・儒教・東アジア」である。

第2章 なぜこの中国の自己認識が問われるのか

――汪暉の「現代中国論」を読む

「しかし、市場化とグローバリゼーションのプロセスの中で、政党の性質と役割及びそれと国家との関係には重大な変化が発生した。中国の政治体制とその他の社会とは違いが大きいが、中国で起こったこれらの変化とその他社会の体制内部の政党ー国家関係の変化は事実上同じ潮流の中で起こった。」

汪暉『世界史のなかの中国』

1 日本人にむけた「中国認識」

汪暉《ワン・フィ》は現代中国の〈新左派〉を称される思想家である。私がいまここで読もうとする『思想空間としての現代中国』[*1]も『世界史のなかの中国』も、その書名に見る通り中国の現代思想家である汪暉による中国の自己認識にかかわる著書である。しかしこれらの書がただ中国知識人による現代中国の自己認識の書というだけであるならば、これらの書の論評は中国研究者の課題であっても、私のような専門外のものの課題となることはない。だが汪暉のこれらの書は、専門外であっても現代中国に関心をもつものの批判的論評を促さずにはおかないようなものとしてある。なぜ日本人である私などが汪暉という中国知識人による中国認識の著述を論評し、その言説活動に批判的な介入をしなければならないのか、その理由を明らかにすることができれば、私のこの報告の目的は半ば達せられたといってもよい。

『思想空間としての現代中国』の訳者の一人でもある村田雄二郎は、文学研究者から現代思想家に転身した汪暉の仕事を解説してこういっている。「グローバル化の進行する現代において、近代化と反動、戦争と内乱、社会主義革命、国際社会への復帰、文化の開放と啓蒙、などの紆余曲折したプロセスをたどってきた現代中国にとっての「変革」の課題を。大きく世界史的視野の中に位置づけつつ、普遍的な現代性（モダニティ）への批判的考察と結びつける、大胆かつ清新な問題提起を行った[*2]」ものであると。これは正しい解説であるといえるだろう。二〇世紀のまさしく「紆余曲折したプロセス」をたどる特殊中国的な一党支配的〈民族国家〉成立とグローバルな市場経済的世界の中での大国中国への転成とを、汪暉は普遍的な近代化過程とその批判と克服の問題としてとらえ、記述しようとするのである。これを村田は「清新な問題提起」と解説した。だが汪暉のやっていることは中国史的な〈特殊的〉近代化過程をヨーロッパ的世界史における〈普遍的〉近代化過程で読み切って、同時にヨーロッパ的近代の批判的克服の可能性をも中国的近代（＝現代）に見てしまおうとする巧緻な歴史の読み直し的な再構成作業であるのだ。私はさきに汪暉のやっていることを中国の自己認識だといったが、正しくいえば戦略的な意図をもった巧緻な中国史の読み直し作業である。この中国史の読み直しがわれわれ日本の問題となるのは、たとえばこう読み直されるからである。汪暉のもう一つの著書『世界史のなかの中国』の日本人訳者が、著者の戦略的な意図を丁寧にわれわれに解説してくれている。

訳者は日本人の犯しやすい中国認識の間違いをいう。「中国について考える際、最も重要な要素とは、ヨーロッパ全体よりもまだ広い国土と、ヨーロッパ全体よりもまだ多い人口、これにつきる。これについては何度でも強調しておいた方がよい。なぜならば、かくも単純明快な事実が日本ではともすれば忘れがちだからである。ではなぜ忘れられがちなのであろうか。それは中国を単なる一国家として捉えようとするからである」[*3]と。日本人が犯す間違いは、中国を「世界に数多存在する国民国家のうちの一つとして」見ようとすることだといい、「中国は日本や韓国とは国家の位相が異なる」と訳者はいうのである。このことから何がいわれてくるのか。近代国家の植民地的な領土拡大とは異なる〈中華帝国〉的な領域拡大のあり方が歴史から読み出されてくるのである。日本人訳者羽根次郎は中国人著者汪暉に代わって〈中華帝国的〉領域拡大をこうまとめている。「（国家は）移民によって達成される「周縁」への領域拡大を、「道」「府」「県」「庁」などの行政区設置によって追認していくにすぎない。つまり観念的に言えば、「われわれ」意識を布教するのではなく、すでに「われわれ」意識を持つに至った地域を国家が追認していくということになる」のであると。何か本質的な倒錯に陥っているようなこの日本人訳者は、中国人著者なら韜晦するような事柄を真っ直ぐにいってしまっている。ここで羽根が著者に代わっていっているのは、現にウイグルで中国政府がしていることではないのか。だがいまウルムチ駅頭の爆発事件（一四年四月三〇日）の報道を聞いている私は、〈中華民族主義〉という周辺民族との同和政策が結局はテロ対策という公安的警備をますます強めることになるという悪循環に陥っていることを知るのである。この日本人訳者は汪暉に代わってこの中国の危機的事態を、中国的国家位相の違いをいうことで隠そうとしているのではないか。私はこの無神経で、無反省な日本人訳者の文章を読んで怒るというより、気分を悪くした。まさしく日本人である私の気分を悪くさせるようなものとして汪暉の著書があり、日本におけるその訳書があるのである。

私がいま汪暉の著書の日本語訳書について言及するのは、話の行きがかりからしているのではない。われわれにおける汪暉問題とは、その日本語訳書とともに日本の言説空間に構成される問題であるのだ。それは汪暉の自己認識としての〈中国像〉が日本人の他者認識としての〈中国像〉をも構成するようなものとしてあるということである。そもそも汪暉による中国の自己認識とは、中国外の、ことに日本人の中国認識に向けて挑発的になされたものであり、『思想空間としての中国』も『世界史のなかの中国』も日本人の読者を対象にし、日本の出版人の要望にしたがって編成された論集であるのだ。汪暉のこの両書における中国認識は日本人に向けて構成されているともいいうるのである。

2　日本の中国研究と汪暉

汪暉は『思想空間としての中国』の「自序」で日本の中国研究者との交流関係を詳しくのべている。「私の日本の学術界との交流は、魯迅研究から始まった」といっている。それは一九八〇年代以降のことだという。恐らく彼が中国社会科学研究院の文学研究所で魯迅研究に取り組んでいた時期であるだろう。彼はその時期に魯迅研究を専門にする日本の代表的な中国文学研究者たちの知己をえたという。竹内好の『魯迅』に始まる戦後日本の魯迅研究は、戦後日本における〈革新的〉[*4]な中国研究の正統をなすものであった。それは人民中国に認知されることによって二重に正統化された中国研究であったということができる。戦後日本と人民中国との学術交流はまず〈竹内—魯迅〉を軸にしてなされていったのである。[*5]汪暉はそれゆえ戦後日本の〈革新的〉な中国研究の〈竹内—魯迅〉という正統軸に連なる形で彼の魯迅研究を始めたのである。そのことは汪暉が日本における言説構成の場として日本の〈革新的＝正統的〉な中国研究者とのネットワークを早くからもっていたことを意味している。

汪暉が「自序」でのべる日本の中国研究者との交流のなかでさらに重要なことは、彼が一九九七年に溝口雄三の提唱する日中の知的プロジェクトを中国側で構成する一人となったことである。それは「日中・知の共同体」と呼ばれるプロジェクトである。[*6]ただ汪暉が溝口と知り合ったのはその時ではない。それ以前、一九九一年に彼は「溝口氏の知遇を得、氏との多くの議論を通じて、日本にはきわめて独特なアジア言説の伝統があることを知るようになった」といっている。溝口についてはすでに私は『日本人は中国をどう語ってきたか』（青土社、二〇一二）の最終章を彼のために割いて論じている。溝口とは、私がここにのべてきたような戦後日本の〈革新的＝正統的〉中国研究の主導者であり、その体現者でもあった。彼は東大教授としてアカデミズムの権威でもあり、学界的権力の所有者でもあった。それればかりではない。彼が中国の社会科学研究院の名誉教授でもあったことを私は後に知った。その称号の通りに中国においても彼は権威であったのである。私が〈革新的＝正統的〉と戦後日本の中国研究を指していうように、それは人民中国に認知された正統的中国研究であったのである。このことは溝口の中国研究だけが体現している性格ではない。これは戦後日本の〈革新的〉をいわれる中国研究と研究者たちが共通にもってきた性格でもある。そこから彼らは中国研究における〈外部的〉視点をまったく喪失してしまうことになるのである。彼らはむしろ中国認識における方法的な〈外部性〉を否定して、中国と中国史への〈内在的〉理解の立場をひたすら主張することになる。そこから溝口に見るような中国人よりもいっそう深い〈中国的なもの〉の認識者、あるいは中国的同一性の認識論的な構成者が生まれてくることになるのだ。私は汪暉における中国史の内在的理解による自己認識像の構成に溝口の大きな影を見ている。

溝口は中国の〈独自的近代化〉論の主張者であった。彼はヨーロッパに成立する〈世界史〉的基準にしたがう歴史認識も、ヨーロッパ的〈近代〉の理念型にしたがう社会的診断をも拒絶して、中国がその歴史の中から歩み出し、生み出していく中国的〈近代〉を、そして中国的〈社会主義〉をこそ正しく見るべきことをいった。一九八九年の天安門事件以降、中国の〈社会主義〉に幻滅する世界の人びとの非難の合唱に向けて溝口はこう反論している。

「それは幻想であれ、幻滅であれ、彼らが対象としてきた〈社会主義〉が、西洋生まれの歴史理論のうえの観念的な知識でしかなく、中国において〈社会主義〉とは何か、もっといえば中国において〈近代とはどのようなものなのか〉、中国において〈中国とは何か〉の検証がなされてこなかったことを意味する。[*7]」

中国にとっての〈中国〉が、中国にとっての〈近代〉が、中国にとっての〈社会主義〉が認識されなければならないと溝口はいうのである。彼はこの中国に即しての歴史認識論的課題の提示をもって、現代中国に対する世界の民主化要求への反駁とするのである。私はいま溝口の文章も、それを批判的にコメントする私の言葉をも自分の著書（『日本人は中国をどう語ってきたか』）から引いている。私はそこで最後にこういっていた。「かくて溝口の展開する中国の歴史認識論はそのまま現代中国の正当性を証明する弁証論《アポロジー》となるのである」と。この溝口との対話を重ねていった汪暉は「中国という文脈の中でいかにモダニティを理解するかという問題」をこう提起するのである。

「二〇世紀中国にあって、革命とモダニティは一体であった。だから中国革命をいかに理解し認識するかは、中国という文脈の中でいかにモダニティを理解するかという問題に必然的にかかわってくるのである。「反近代の近代」という命題を通して、私は中国近現代の伝統の中に、二〇世紀に起こった幾多の悲劇の根源を探しあてようと試みた。—この世紀を否定するためではなく、批判の源泉を新たに発掘し、中国変革の独自の道を探求するために。」(「自序」)。

これはすでに汪暉特有の歴史的、思想的スタンスをもった文章である。この特有の歴史認識論的スタンスについては直ちにわれわれは論じなければならない。これは溝口による中国の〈独自的近代化論〉の二一世紀的グローバル時代のバージョンであるということだけをいっておこう。これがグローバル時代の現代中国の弁証論であることはおのずから理解されるだろう。

3　中国は世界と同じ潮流にある

汪暉の『世界史のなかの中国』が日本で出版されて間もない二〇一一年の春に、来日中の北京の編集者と私の〈思想史の仕事部屋〉で話をする機会があった。そのとき汪暉のことに話が及んで、彼のこの翻訳書をのぞき見ただけの印象を私は、「なぜ彼は中国の事柄を譬喩的にしか語ろうとしないのか」と疑問の形でのべた。私は「譬喩」といったが、「戦略的」といいたくなるような修辞をもって構成されている汪暉の文章は、たえず読者に「なぜこういったいい方を著者はするのか」という疑いを抱かせ、その真意の解読を余儀なくさせていくのである。たとえば汪暉はこう書くのである。引用はどこからしてもいいのだが、問題意識が集約されている「序」の文章をここでは引いておこう。

「中国の政治体制とその他の社会とは違いが大きいが、(中国で起こった) これらの変化とその他社会の体制内部の政党―国家関係の変化は事実上同じ潮流の中で起こった。私は文章の中で、この変化を「党―国」体制から「国―党」体制に向かう変遷としてまとめた。すなわち政党は日増しに国家権力構造の有機的な一部分となりつつあり、もはや二〇世紀的意味での政治的な組織ではなくなったということである。[*8]」

彼は中国の共産党=国家的政治体制のグローバル時代における変化を特殊中国的変化として語ろうとはしない。彼は先進資本主義国に共通する政治的体制変化を語る言葉で中国の党=国家的体制変化を語ろうとするのである。「政党は日増しに国家権力構造の有機的な一部分となりつつあり、もはや二〇世紀的意味での政治的な組織ではなくなった」とは、中国の共産党―国家関係の変化をいっているのだが、汪暉はそれを先進資本主義国における政党―国家関係のグローバルな変化として、グローバルな変化をいう言語をもっていおうとするのである。彼はつねに「政党―国家関係」といい、決して「共産党―国家関係」とはいわない。私はこれを当初彼の〈譬喩的〉な修辞か、〈韜晦的〉な言語であるのかと思っていた。だがこれは〈譬喩〉でも〈韜晦〉でもない。彼はある決意をもって中国の政治的変化をグローバルな政治変化をいう〈世界史的〉言語で語ろうとしているのである。私はこの決意に〈戦略的意図〉を見ている。

汪暉自身も認めているように中国の政治体制とその他の社会の政治体制とには大きな違いがある。中国の一党的政治体制と欧米日など先進資本主義諸国の複党的政治体制との間には同じ〈政党的政治体制〉であること以上の国家的、社会的原理にかかわる違いがある。だが汪暉は、「(中国で起こった)これらの変化とその他社会の体制内部の政党―国家関係の変化は事実上同じ潮流の中で起こった」ことだといい、「党―国」体制から「国―党」体制への中国的変化をグローバルな世界的変化として記述していくのである。なぜなのか。なぜ国家的、社会的原理における差異を捨象して、あえて同一的変化の記述を汪暉はしていこうとするのか。「世界史のなかの中国」とはあえてなされた現代中国の認識論的転位の言説である。このあえてなされた言説に対して、なぜなのかと問うことがもっとも正しい問い方である。

4 〈脱政治化〉・普遍的な危機

汪暉はグローバル時代にあって中国など旧社会主義国家も先進資本主義国家もともに〈脱政治化〉という政治的危機の中にあるという。「今日の政治的危機の核心は政党政治の危機であり、政党政治の危機は六〇年代末以降に次第に強化されていった「脱政治化」プロセスの結果だということ。第二に、今日の政治の危機は中国や旧社会主義国家の政治体制の危機であるだけでなく、ヨーロッパの複数政党下の議会制デモクラシーや、英米の二党制の下での議会制デモクラシーの危機でもある。つまり、普遍的な危機である」（傍点は子安）[*9]というのである。

　この〈脱政治化〉という概念を汪暉はイタリアの中国研究者であるアレッサンドロ・ルッソの〈文革〉論からえたといっている。ルッソは六〇年代中国の〈文革〉という〈政治化〉時代の終焉は、六〇年代そのものの〈脱政治化〉過程が生み出したものだといい、同時にルッソはこの〈脱政治化〉という政治現象は今日のヨーロッパの政治にも見られることだといっている。汪暉はこのルッソの示唆によって〈文革〉の終焉を〈脱政治化〉としてとらえるとともに、六〇年代以降の中国とともに欧米諸国をも含んだ世界を〈脱政治化〉という政治性の喪失が進行する世界としていうのである。「六〇年代の終焉は、二つの社会体制がそれぞれ深刻な危機をくぐり抜けて再び強化されることを意味していた。だがこの強化のプロセスは「脱政治化」として進んだ。したがって、それは二つの政治的基盤を揺るがさずにはおかない。つまり、政党政治の衰退、もしくは変質というコンテクストの中で、国家は「政治なき国家」または「脱政治化した国家」になっていくのだ」と。

　一九八九年以降、市場化とグローバリゼーションのなかで中国における〈脱政治化〉は進行する。汪暉はこの〈脱政治化〉を、「政党が日増しに通常の国家権力に向かって滲透と変化を遂げ、さらには一定程度、「脱政治化」し機能化した国家権力装置へと変わった」と記述する。あるいはこれを「党－国体制」から「国－党体制」への転換といい、また「党治体制」から「国家中心の支配体制」への転換ともいうのである。現代中国における国家の政治的基盤をゆるがしかねない〈脱政治化〉という政治危機の進行を汪暉はこのように記述するのである。しかしここで汪暉は「政党」といい「中国共産党」とは決していわない。それは検閲する当局への配慮であるとともに、〈脱政治化〉をグローバルな「普遍的な危機」として記述することへの汪暉における強いこだわりを示すものである。〈脱政治化〉とは中国とは異なる社会体制における議会制デモクラシーの危機でなければならないのである。

六〇年代の終焉とともにもう一つの社会体制圏に出現したことは、「デモクラシーが市場経済の基礎の上に築かれた議会制になったこと、政府が強制力を持つ権力であると見なされるようになり、議会制デモクラシーは政府の行動を制限するメカニズムでもあると見なされるようになった」ことである。あるいは「議会は市場化した、多くの場合ブラックボックスに隠された利益ゲームのメカニズムとなり、人民とその代表との間に深刻な分断が生じ」たことである。「今日の議会制デモクラシーの主な問題は、デモクラシーの前提となる共通善や公共的利益が政治的決定の埒外に追いやられ、二党間、もしくは複数政党間の政治的差異はほとんどなくなってしまっていることなのだ」と汪暉は議会制デモクラシーの危機を記述していくのである。これにしたがえば、「党－国体制」から「国－党」体制への転換ということも、「政治なき国家」

への変質ということも、グローバルな〈脱政治化〉という「普遍的な危機」の徴証ということになるだろう。

だが汪暉が直面しているのは中国の共産党ー国家関係の変質、共産党の政党的本質の喪失という事態であるのだろう。だが汪暉は中国のこの事態に直面しながら、なぜこれを二つの社会体制間に共通する「普遍的な危機」として記述しようとするのだろうか。

われわれはまたしても汪暉の「世界史のなかの中国」というグローバルであることにこだわった修辞への疑いを新たにせざるをえない。

5　中国に〈民主化〉の道はない

〈脱政治化〉という現代における政治的危機を汪暉は二つの異なる社会体制間に共通する政治現象として記述していた。汪暉による現代の〈脱政治化〉する政党政治についての記述は〈二つの社会体制〉を前提にしている。だがこの〈二つの社会体制〉について汪暉は「旧社会主義国である中国」ということ以上にその体制的違いについて言及することはない。一党的政治体制と複党的政治体制との間には、それらをただ同一の〈政党的政治体制〉として見てしまうことは許されない国家的、社会的原理にかかわる違いがあるはずだと私は前にいった。そこには二つの社会体制を本質的に規定するような違いがあるはずである。

一党支配的政治体制とはもちろんデモクラシーではない。だが汪暉の二つの政治体制の同一化は、一党的体制をデモクラシーとでもいいかねないような体制間の差異の意図的な曖昧化がある。デモクラシーとは政治的多様性を前提にした、あるいは政治的多様体としての社会を前提にした政治原理であり、社会原理である。複党的政治体制とは〈民主的社会〉の政治体制である。だから議席の過半数を占めるような政党の成立は〈民主的社会〉にとっての危機でもあるのだ。選挙の大勝による安倍自民党政権の成立が民主主義的日本にとっての危機であることをわれわれは日々の体験を通じて知っている。だがこの危機は、市民的オールタナティヴの結成を急がせるし、そのための行動と発言の自由をわれわれはもっていることをいっそう自覚させる。それとは別の、〈もう一つの政治〉への願望とその実現への行動の自由と力とをもっていることを、民主的政治の危機はむしろ市民に自覚させるのだ。私は〈脱政治化〉をめぐっていいながら迂路をたどっているようだが、われわれにおける過半数の議席を占める政党政権の成立や議会的審議の形骸化といった汪暉がいう〈脱政治化〉の危機とは、むしろ市民的オールタナティヴの結成と行動とを促す市民的〈政治化〉の好機であることをいいたいためである。それを好機とすることで政治的多様体としての民主主義的社会の原理をわれわれは再確立するのである。汪暉が議会制デモクラシーの〈脱政治化〉をいいながら、決して見ようとしないのはこの政治的多様体としての民主主義的社会の原理である。それに対して一党的政治体制とは〈もう一つの政治〉、それとは別の政治体制の選択を決して市民に認めない政治体制である。したがってそれは政治的多様体としての社会を前提にしない政治原理、社会原理からなる政治体制である。一切の政治的多様性を認めない政治原理、社会原理とは〈全体主義〉である。

汪暉が〈二つの異なる社会体制〉を前提にしながら、なおグローバル時代における〈脱政治化〉という二体制間に同一の政治的危機を執拗に記述していくことの意味を私はようやく理解した。それは〈民主主義〉と〈全体主義〉という社会体制間の違いを捨象してしまうことだ。だから複党的政治体制における〈脱政治化〉という政治的危機が、市民における〈もう一つの政治〉に向けた〈民主的決起〉の好機であることを汪暉は決して見ようとはしない。そして一党的政治体制における〈脱政治化〉としていっそう〈全体主義〉的になった中国の〈国―党的体制〉とは、中国人民における〈もう一つの政治〉への願望をもつことも、話し合うことをも否定するものであることに目をつぶってしまうのだ。

汪暉は一九八九年の社会運動の失敗をいっても、挫折させられたその運動の継承をいうことはまったくない。〈天安門事件〉を、その犠牲者を汪暉は中国共産党国家とともに歴史から抹殺してしまうのである。中国に〈民主化〉という〈再政治化〉の道はない。汪暉がいう〈脱政治化〉としての中国の「国＝党的体制」とは、〈もう一つの政治〉への民間的運動を抹殺したことから生まれてきた政治体制ではないか。汪暉はこれをグローバル時代の二つの社会体制間に共通する〈脱政治化〉のプロセスとして記述していったのである。だが汪暉のこの〈脱政治化〉の叙述が否定したのは中国の〈民主化〉への道だけではない。議会制デモクラシー国家における市民的〈再政治化・再民主化〉への道をも彼は否定したのである。汪暉の中国の自己認識の言説がわれわれにおいても問われねばならないのは、このゆえである。

汪暉は中国の党国家とともに、「六・四」の記憶をも、〈もう一つの政治〉への学生・市民の願いの持続をもともに消し去った。あれから二五年たったいま、中国の党国家は「六・四」を追想することをも市民に許さない。それは〈もう一つの政治〉への市民の願いは追想としても中国にありえないことにするためだ。すなわち学生・市民の〈再政治化〉の根を絶やすためだ。

だが汪暉は「六・四」の記憶を消し去っても、〈文革〉の記憶を消し去ることはしない。中共党において〈文革〉の終焉はいわれても、その思想的清算は決してなされないように、汪暉における〈文革〉もそうだ。だから汪暉批判はこの〈文革〉をめぐってもう一度書かれねばならないはずである。だがその労を、石井知章氏の労作「中国近代のロンダリング」[*10]を挙げることでまぬかれて、ここではただ一つのことをいっておきたい。

汪暉のいう〈政治化〉も〈脱政治化〉も〈文革〉研究から構成された概念であることは前にいった。汪暉は〈文革〉を再検討しながらこういっている。「「文革」の悲劇が「政治化」（それは、政治闘争、理論探究、社会的自治、党—国体制内外の政治闘争、及び、政治組織や言論空間の空前の活発化などを表徴とする）の産物だったのではなく、「脱政治化」（社会的自治の可能性を抹殺した二極化された派閥闘争、政治論争の権力闘争としての政治モデルへの転化、政治的階級概念の唯身分論的な本質主義的階級観への転化など）の結果だったということだ。[*11]」ここで「政治化」といっているのは〈文革〉

の本来的な政治闘争であり、「脱政治化」とは逸脱した政治闘争として失敗したと汪暉はいっているのである。〈文革〉は逸脱した政治闘争である。汪暉において〈文革〉は終わってはいない。それゆえ彼において〈脱政治化〉としての「国ｰ党的政治体制」の〈再政治化〉とは、中国共産党の本来的〈政治性〉の再生をいうものであるしかない。〈文革〉の一千万をこえる犠牲者の上になおこの偽瞞の書があることを、そしてこの書を有り難がる日本の中国研究者がいることを、われわれはどう考えるべきなのか。

（二〇一四年五月一〇日）

【注】

＊1　汪暉『思想空間としての現代中国』村田雄二郎・砂山幸雄・小野寺史郎訳、岩波書店、二〇〇六。『世界史のなかの中国』石井剛、羽根次郎訳、青土社、二〇一一。

＊2　『思想空間としての現代中国』の巻末「解説」。

＊3　『世界史のなかの中国』の羽根次郎による「訳者あとがき」。

＊4　〈竹内―魯迅〉を枢軸として形成された戦後日本の中国研究は、伝統的なシナ学から自らを切断するものとして、同時に人民中国の成立を全的に承認し、人民中国によって認知されるものとして〈革新的＝正統的〉中国研究であった。だがその〈革新性〉の変質、あるいは喪失は、人民中国の〈革新性〉の喪失と同時的であった。

＊5　日中学術交流の正統性を支える〈魯迅―竹内〉という軸は、つい最近まで維持されてきた。私は二〇〇五年九月に北京の清華大学で「竹内好という問題」の講義をし、竹内と「近代の超克」論をめぐる座談会

をしたが、それが中国において中国研究者外のものによってなされた初めての竹内をめぐる批判的な問題提起であった。ちなみにこの座談会に汪暉もまた同席していた。

*6 「私は一九九一年、溝口雄三教授がアジアをめぐる一連の討論の場を設けたとき（溝口雄三・孫歌らが核となった「日中・知の共同体」プロジェクトを指す）、私も参加者の一人であった。」（「自序」）。「日中・知の共同体」が20世紀末の日中間の知的交流にどのような意味をもっていたのか、それを詳らかにすることはできないが、ただこのプロジェクトが日中間の出版人・編集者を含む一定の知的ネットワークを構成していったことは確かである。このネットワークによって柄谷行人の「世界史的中国論」は中国・台湾で共有され、日本の言説空間に汪暉問題が構成されていったのである。

*7 溝口雄三『中国の衝撃』東大出版会、二〇〇四。

*8 『世界史のなかの中国』の「序」から引いた文章である。

*9 汪暉『世界史のなかの中国』第一章「中国における一九六〇年代の消失—脱政治化の政治をめぐって」。

*10 石井知章「中国近代のロンダリングー汪暉のレトリックに潜む「前近代」隠蔽の論理」『中国革命論のパラダイム転換』所収、社会評論社、二〇一二。

*11 「階級概念と政治的能動性」（第一章「中国における一九六〇年代の消失」）。

第3章　中国と〈帝国〉的視野――「琉球」をなぜ語るのか

――汪暉『世界史のなかの中国』を読む

「日本の琉球への植民及び、一八七四年に台湾に対して行われた最初の攻撃（いわゆる台湾出兵事件）は、アジア地域で長きにわたり有効であった一連の関係と相互作用の法則に重大な変化が発生したことを意味していた。」

汪暉「琉球」

1　「沖縄」を語ること

汪暉《ワン・フイ》の『世界史のなかの中国』[*1]の副題は「文革・琉球・チベット」となっている。その副題通り、本書第2章のタイトルは「琉球―戦争の記憶、社会運動、そして歴史解釈について」である。中国の現代思想家の自国認識にかかわるこの書が「琉球」の章をもつことは当たり前のことだろうか。そんなことはない。私にはそれは異様に見える。しかもこの著者があえて語ろうとし、そして語ってしまったのは「琉球」であって、決して沖縄ではない。「琉球」としてはじめて沖縄は、この中国の〈新左派〉を称される思想家汪暉の語りうる対象となったのである。それはなぜなのか。そこには「琉球」が沖縄の中国的呼称であること以上の問題があるように思われる。

彼はなぜ沖縄を語るのか、あるいはなぜ沖縄を語ることができるのか。沖縄が「琉球」であるからだ。汪暉は沖縄を「琉球」として語るし。語りきってしまうのである。どのように彼は語るのか。彼がそのように語りきってしまうことの意味は何か。私がここで答えようとしているのは、そのような問題である。

だがその問題に答える前に、私にとっての沖縄についてのべておきたい。本土の日本人である私は沖縄を、日本の中心を離れた北海道や九州のどこかについて語ると同様に語ることができるだろうか。日本現代史が沖縄に負わせてきたことへの罪責感ぬきに沖縄を語ることは私にはできなかった。浜下武志が戦後日本の知識人による沖縄認識をめぐっていっている。日本本土の知識人たちは、「国家や民族の枠組みを前提として、むしろ国家や民族内部の共通性や均質性を共有できなかった沖縄に対する同情と、共有させなかった日本に対する批判と、共有を拒んできた沖縄の伝統に対する驚き」という三つのことを動機として沖縄を語ってきたというのである。だがこの沖縄についての戦後知識人たちの語りのあり方が、いま問われているのだと浜下はいうのである。

「現在、地球化と地域化が同時に存在し、両者がせめぎあいながら、かつ通じ合うという時代にあって、国家や民族を絶えず媒介として沖縄を語り、沖縄に同情し、沖縄に謝罪し、沖縄に期待をこめようとしてきた日本の知識人の研究姿勢と沖縄認識の内容が根本的に問われている。[*2]」

私は沖縄について語るということがそもそもできなかった。私がはじめてというか、やっと沖縄に言及しえたのは〈靖国問題〉をめぐって『国家と祭祀[*3]』を書いた際であった。その最後の章で沖縄の住民に残酷な運命を強いた沖縄戦に触れて私はこう書いた。

「沖縄県民の四人に一人が沖縄戦で死んだのである。この死は国家によって祀られない死である。この国家によって死に追いやられた死者、そして国家が決して祀ることのない死は靖国をめぐる美辞麗句が虚偽でしかないことを教えている。戦う国家は祀る英霊とともに祀られない死者を国の内外に大量にもたらすのである。」（第10章「戦う国家と祀る国家」）。

私が沖縄に言及しうるのはこのような形でしかなかった。これもまた浜下が批判的に整理した戦後日本知識人の沖縄論のあり方に属するものであるかもしれない。少なくとも私には戦時から戦後への〈祀る国家〉的持続としての〈靖国日本〉への解体的な批判とのかかわりでしか沖縄への言及はありえなかったのである。

二〇〇八年四月、私は台湾新竹の国立交通大学で「戦後日本論—沖縄から見る」（本書第9章）というタイトルで講演をした。「沖縄とはもともとの日本ではない。清と日本と政治的には等距離の関係をもち続けてきた琉球が、日本の沖縄県になったのは一八七九年四月四日であった。

沖縄は日本帝国の地理的だけではない、政治的にも辺境の位置を担い続けてきた。その沖縄は一九四五年から現在まで、米軍の極東における最重要な軍事基地であり続けている。この沖縄を視点として戦後日本の解読をしてみよう」と、その講演の冒頭で私はのべた。私の講演は「沖縄」を主題として語るものではなかった。「戦後日本」としての国家的な自立、経済大国としての日本の自己形成がもつ虚偽と偽瞞とを〈沖縄から〉の視点によって露わにすることを目的としていた。この沖縄への私の言及のあり方は、私の〈靖国論〉における言及と同じあり方である。

ところで私がなぜ二〇〇八年の台湾で〈沖縄から見る〉というような講演をしたのか。「戦後日本」の経済大国としての国家形成を〈沖縄から〉解体的に見ていく私の講演によって、台湾の学生たちに〈台湾から〉現代中国を見る批判的な視点の構成を期待していたからである。しかし私がここで台湾での講演に言及するのは、この講演にこめようとした私の意図にかかわってではない。この講演で私が遭遇した一つの事件によってである。交通大学における私のこの講演のコメントを台湾の文化研究、ポスト・コロニアル研究を代表する学者陳光興が担当した。私の講演終了後、彼は演壇で語り出した。それは私の講演に対するコメントといったものではなく、彼自身の〈沖縄論〉というべきものであった。彼は延々と語り始めた。通訳もそれを翻訳することを諦めた。半時間ほど経過したところで、私は「ここはあなたの沖縄問題講演会ではない」といって、彼の発言を中止させた。これは台湾で私がはじめて体験した不愉快な事件であった。

だがこの事件はいくつかのことを私に教えてくれた。一つは「沖縄」がすでに彼らに語りうる問題として構成されているということであった。これは私の無知、情報欠如を示すような驚きであった。戦後のわれわれにとって「沖縄」とは、すでにのべたように、主題として語ることのできないような問題としてあった。私に精一杯できることは〈沖縄から〉見るという形で語ることであった。ところがその「沖縄」は台湾の研究者に、私が中断させなければ一時間でも、二時間でも語りうるような主題としてすでにあったのである。「沖縄」が彼らにおいてすでに語りうる主題としてあることの事情、理由を、私は汪暉の『世界史のなかの中国』を読んではじめて理解した。そしてそのことはもう一つのことを私に教えた。「沖縄論」「琉球論」が東アジアでこのような形で成立することの背景には、ポスト・コロニアル研究といった知的、言説的なネットワークが東アジア地域にすでに存在するということである。このネットワークなくしては陳光興の「沖縄論」も、そして汪暉の「琉球論」もなかったであろう。私は東アジアの台湾そして沖縄（琉球）をめぐる地域研究・文化研究的ネットワークが政治的な意味をもたないなどということはありえないという当たり前のことにやっと気付かされたのである。

2　琉球と「海の歴史空間」

戦後日本知識人による沖縄の論じ方を批判していた浜下は沖縄を積極的に語り、『沖縄入門』

という本さえ書いている。では沖縄はどのようにして、その将来についても彼に語りうるものとなったのか。彼は「琉球」が「沖縄」になること、すなわち琉球の日本国家化をめぐってこう書いている。

「日本が琉球処分によって琉球を沖縄県とし、日本の一部に組み替えたことによって、琉球はその歴史的な海洋ネットワークの拡がりから内陸的な一つの県の位置に再編成されることになった。これは日本が国家形成の中で琉球をその中に取り込んだことを意味すると同時に、琉球が歴史的拡がりを閉じることによって、日本の国家化を支えたともみることができるであろう。」

琉球が日本になり、沖縄県になることは、琉球がもっていた国際的な拡がりを失うことを意味した。それは那覇港がもっていた国際的な開港場としての性格を失わせ、日本の開港場を本土の長崎に集中させることを意味したのである。すなわち「琉球が持っている海洋の拡がりを消去し、日本に吸収する必要があった。あるいは海洋の拡がりを国家化する必要があったと言えよう。日本の開国は沖縄の鎖国であった」（傍点は子安）のだと浜下はいうのである。琉球の日本化、沖縄化が何を意味するのかをめぐるこの浜下の記述は重要である。「琉球・沖縄の歴史空間は、「日本」の中に収まり切れない広がりと独自の準則を持っていた」ことを知るものにしてはじめて沖縄の現在と将来に向けての積極的な発言をもなしうることを私に教えている。沖縄が開かれた東アジア空間においてもつべき位置を知ることとは、同じく日本が東アジアでもつべき位置を知ることでもあるだろう。この沖縄認識は〈開かれた海域〉としての〈東アジア世界〉の認識と相関的であるからである。

「琉球・沖縄の歴史空間は、「日本」の中に収まり切れない広がりと独自の準則を持っていた」と浜下がいう歴史空間とは、中国との〈朝貢関係〉からなる海洋的王国琉球の歴史空間である。「中国と朝貢関係を結び、またその関係に倣って自らの周辺地域との関係を形作った。儀礼や宗教、権威や威徳を中心とした宗主―藩属関係には、海という空間がその地域間関係の形成に大きな役割を果たしていた」と浜下は書いている。〈冊封体制〉をもって中国との間に臣従関係と儀礼的秩序とをもってきた周辺諸国・諸地域は、〈朝貢関係〉という中国との交通・貿易関係をも構成してきたのである。琉球王朝が構成してきたこの〈朝貢関係〉的な歴史空間を浜下は「海の歴史空間」として特色づけているのである。

〈海の視点〉から見るとき、琉球の〈朝貢関係〉的歴史空間は「多地域・多文化・多民族の交流と交渉」からなる開かれた海洋空間として見出されてくる。ここから浜下は、「海を重要な歴史主体として持つ東アジアが、多民族・多文化・多地域によって構成されているあるひとつの政体であることを意味している」と重要な指摘をしている。この海洋空間としての〈東アジア世界〉の構成は、浜下の〈朝貢関係〉論にしたがって再構成される汪暉の〈中華的世界〉

を批判的に差異化する上できわめて重要である。

3　民主の「冷戦化」

汪暉が「琉球」をいかに語り出すかを見る前に、そこにある〈気になる記述〉についてて触れておきたい。彼は沖縄を論じるにあたって終始「琉球」の呼称をもってしている。それが中国からする沖縄の呼称だとしても、「琉球」をもって沖縄を論じきってしまった論文を現代日本人に提示すること自体に中華主義的な独善なり、挑発を私などは見てしまう。しかし私が〈気になる記述〉というのはそのことではない。汪暉は琉球を論じるのに、その背後に台湾を置いている。地理的にいっても、歴史的にいっても、さらに政治的にいっても両者が離しがたい関係にあることは理解できる。だが私が気になるというのは台湾の民主化運動をめぐる汪暉のとらえ方である。

「台湾の民主化運動は内容が多重であり、複雑に構成されていたため一概に論じることはできないが、その主流―とりわけエリート層の民主化運動―は、冷戦時代におけるアメリカのイデオロギーの影響を深く受けていた。……民主化の問題と、日に強まる中国大陸への敵意とを接続させたことこそ、台湾独立運動における一つの主要な特徴を構成した。」

このアメリカ的イデオロギーに影響された民主化運動を汪暉は「民主の〝冷戦化〟」と呼び、この陰影を台湾の民主化運動だけではない、一九八九年以来の中国知識人の言説や民主化運動の中にも見ているのである。民主化運動におけるこの陰影を「〝アメリカ性〟として概括するのは、大体において正しい」と汪暉はいっている。この言葉は冷戦時のものではない、二〇〇九年のものである。汪暉が中共党＝政府によって〈動乱〉として鎮圧された一九八九年の学生・市民の運動に対して全く否定的であることについては、私はすでに前章（「なぜこの中国の自己認識は問われるのか」）にふれた。しかしここで台湾の民主化運動を、中国の民主化運動とともに冷戦時のイデオロギー性をもってしか見ることのできない汪暉の、まさしく〈党派的〉なイデオロギー的硬直に私は驚くというよりはむしろ怒りを覚える。汪暉が敵対視しているのは中国における民主化運動であり、台湾の民主化運動であり、そしてそれらに連帯するわれわれ日本の市民運動であるだろう。

汪暉が台湾や中国の民主化運動における〝アメリカ性〟を批判的に指摘することとは対照的に、彼が沖縄の社会運動に見るのは〝反アメリカ性〟である。

「これとは対照的に、琉球の社会運動は、中国社会主義に対する想像を終始保ち続けている。……こうした想像自身に、冷戦構造における琉球の社会運動の〝反アメリカ性〟が現れている。これが私の第一印象であり、また私の言う「琉球という視野」の重要性に関する根拠の一つなのである。」

沖縄の社会運動が汪暉にとって重要な「琉球という視野」を彼に構成せしめることの根拠はその〈反米性〉にあるというのは、中国の〈党派的〉思想家汪暉にとって当然なことだろう。だが〈反米的〉な沖縄は彼の「琉球という視野」を構成しても、彼に「琉球論」を語り出させる理論的動機をなすものではない。沖縄は歴史的「琉球」であることによって、すなわち〈朝貢関係〉的歴史的世界すなわち〈中華的世界〉を構成する「琉球王国」であることによってはじめて中国から構成される論説「琉球論」の主題になるのだ。沖縄とはあくまで「琉球」であり、「琉球」としてはじめて彼に語られるのだ。

4〈朝貢関係〉的システム

浜下は琉球の沖縄化を、琉球がもっていた「海洋ネットワークの拡がり」を失って「内陸的な一つの県の位置」に再編成されることとして語った。琉球がもっていた「海洋ネットワーク」とは、琉球の〈朝貢関係〉という多重、多層、多様な交易関係が構成するものであった。では浜下から学び取った〈朝貢関係〉は、汪暉の「琉球論」ではどのような意味をもって再構成されるのか。汪暉は、浜下が「海洋ネットワーク」の喪失をいう琉球の沖縄化の過程をこういっている。

「日本の琉球への植民及び、一八七四年に台湾に対して行われた最初の攻撃（いわゆる台湾出兵事件）は、アジア地域で長きにわたり有効であった一連の関係と相互作用の法則に重大な変化が発生していたことを意味していた。この変化は一つの王朝が一つの王朝を併合する過程であったばかりでなく、中国と日本という両国間の勢力消長の産物でもあり、しかも普遍的規則の突然変化でもあった。」（傍点は子安）

琉球から沖縄への変化をどこから、どのように語るのか。浜下は海洋的〈東アジア世界〉を構成する〈朝貢関係〉の中の一王国琉球から語っている。汪暉は中華帝国とともに古く、長く〈普遍的規則〉として〈朝貢関係〉的な国家間・政治体間関係を維持してきた〈中華帝国的世界〉から語っている。浜下も汪暉も同じく〈朝貢関係〉的琉球王国を歴史的前提としながらも、琉球から沖縄への変化を語る二人の語りは全く違う。〈朝貢関係〉的琉球王国の歴史的参照は、浜下にとって海洋的な交通世界としての〈東アジア世界〉に琉球・沖縄を開いていくことを意味していた。だが汪暉にとって〈朝貢関係〉的琉球王国の歴史的参照とは、何を意味するのか。

汪暉は日本による琉球の沖縄化は「普遍的規則の突然の変化」を意味するといっていた。では「普遍的規則」とは何か。汪暉は前の引用に続けて、「日本の朝鮮侵入、日清戦争（中国では中日甲午戦争）、日露戦争、及び「大東亜戦争」と太平洋戦争はまさに、この普遍的規則の突然の変化が順を追って現れたものであった。初期のヨーロッパ国際法とはその実、帝国主義の国際法であり、日本はこの規則を用いてヨーロッパ帝国主義の行列に身を置こうと躍起になっていた」といっている。帝国主義的な領有なり、植民地的従属化を認知するものとしての「ヨーロッパ的国際法」的秩序への日本の参入を、「普遍的規則の突然の変化」と汪暉はいうのである。とすればこの「普遍的規則」とは、前近代の非ヨーロッパ的〈東アジア世界〉、歴史的正確さをもっていえば〈中華帝国的世界〉の国家間・地域間関係を支配していた規則、すなわち〈冊封体制〉的規則あるいは〈朝貢関係〉的規則を指していっているとみなされる。

東アジアの前近代的世界における〈中華帝国的世界〉の規則はいま汪暉によって失われた東アジア世界の「普遍的規則」として回想されるのである。汪暉が歴史的「琉球」を参照することによって回想されるのは、近代日本の成立とともに失われた〈中華帝国的世界〉の「普遍的規則」すなわち〈朝貢関係〉的な国家間関係である。

5　回想される〈朝貢関係〉的システム

近代日本の主権下の「沖縄」から、前近代の〈冊封体制・朝貢関係〉下の「琉球」は汪暉によってどのように回想されるのか。汪暉は歴史的琉球をブータンやシッキムなどと同様の小政治体としてこういうのである。

「こうした小政治体はそれまでなぜ、いくつかの大きな政治体の間に存在することができたのだろうか。そしてそれらの小政治体はなぜ、いくつかの大きな政治体の一部分にならずにすんだのだろうか。さらに民族国家（ネーション・ステート）の時代に入るとこれらの小型王朝はなぜ、民族国家の特定の区域に少しずつ変化していったのだろうか。小さな政治共同体の相対的独立を提供しえたのは、いかなる文化や政治、制度の弾力性であったのだろうか。さらに、最終的に主権の名義を以って、これらの共同体を形式主義的主権概念の内に収容して改編してしまったのは如何なる文化や政治、そして形式化された制度であったのだろうか。」

浜下は日本の近代国家形成の中に琉球が取り込まれていくことによって、琉球が歴史的にもっていた国際的な拡がりを閉ざされざるをえなかったといった。浜下のこの歴史的回想が見出しているのは、「自らのなかに多元的な原則、あるいは複数のかかわりを併存させること」によって、東アジアにおける海洋的交通の中継点として独自の役割を果たしてきた歴史的琉球の存立意義であった。だが汪暉の近代国家日本の主権下に沖縄として収容された琉球をめぐる歴史的回想が導くのは、琉球王国のような「小さな政治共同体」にもそれなりの独立性をもってその存立を承認してきた東アジアの〈朝貢関係〉的な政治体間システムである。この〈朝貢関係〉的システムとは〈中華帝国〉的統治システムであることを汪暉はほとんどいわない。〈朝貢関係〉システムは、近代の厳しい内外区分に立った主権的国家間関係や強力な主権国家への弱小政治体の従属的関係への〈反近代〉的批判をともないながら、よりましな政治体間関係として理念化されるのである。

「アジア地区、とりわけ中国周辺において、朝貢システムの範疇に最近よく帰納されている政治体間の相互関係は、民族国家同士の関係とは完全に異なるものであった。朝貢関係の中にも内と外の概念があったが、主権概念下のそれ、すなわち境界及び境界内の行政管轄権などの概念が画定する内外関係とは同じではなかった。……主権原則に照らせば、内と外との厳格な境界設定によって、独立と統一という絶対的な対立が生まれ、その間に曖昧な地帯はない。しかるに朝貢関係は、親疎遠近の関係、つまり参与者の実践が相対的に弾力性を持って展開する関係のように思われる。このため朝貢関係は、主権国家の意義における内外関係とは全く異なる。」

近代の主権国家間の内外関係の厳格さに対して〈朝貢関係〉がもつ内外関係の弾力性がこのように想起される。この汪暉における〈朝貢関係〉という政治体間の弾力的関係性のモデルは、「民族主義《ナショナリズム》のモデルがなぜかくも強烈に、内部の統一性や単一性、そしてはっきりとした内と外の関係を要求するのかについて」の追究が、歴史から呼び出すようにして構成していったもう一つの政治体間の関係性のモデルである。

一八七一年に台湾に漂着した琉球民の殺傷事件が起きる。これを理由として一八七四年に日本は台湾に出兵した。この事件をめぐる外交交渉が北京で行われたが、その際の清政府の回答を引きながら汪暉はこういうのである。

「これは内と外の厳格な分け隔てがなく、それと同時にまた多重の差異を包含している制度形態と関係モデルであると言うことができよう。ただ、この多元的な法律政治の制度もやはり一種の統治と支配の制度であって、この多元的な政治条件の下、各種各様の支配や戦争をもたらしたこともある。しかし、多様性と統一性を持った弾力性に富むその関係については、我々があらためて思考するに値するものだろう。」（傍点は子安）

引用によってする論証はもうこれでやめよう。すでに明らかだろう。歴史的「琉球」の参照が汪暉にもたらすものが何であるかは。それは琉球をその内にもった〈朝貢関係〉という「多様性と統一性を持った弾力性に富む」〈中華帝国〉的統治システムである。汪暉はしかし〈朝貢関係〉とは中華主義的〈帝国〉の統治システムであることを曖昧にし、むしろ隠蔽して〈朝貢関係〉を近代の主権主義的国家間関係に対するもう一つの、より増しな国家間あるいは政治共同体間関係モデルとして提示していこうとするのである。この〈中華帝国〉的政治性を内に隠した偽瞞の国家間関係モデルがいま沖縄・琉球に対してだけではない、台湾に対しても、日本に対しても、いや〈東アジア世界〉に対しても提示されているのである。

6 〈東アジア世界〉像の挑戦的提示

汪暉は香港を例にとりながらこういっている。「香港は中国の一部であるが、国際的な法律主権の意味において、国際組織に加入する権利が香港にはあり、大陸とは異なるパスポートと独立したビザのシステムを有している。この情況は中国の朝貢関係内部の権力構造に近い。「一国二制度」は一つの可能性に過ぎず、これはまた主権体系内部における一種の総合と発展でもある。しかしそれは異なる情況に基づき、異なる関係モデルを構想する可能性を提示しているのである」と。

もうやめるといいながらまた引用してしまったが、しかしこの引用は、汪暉において〈朝貢関係〉的モデルが、政治的、社会的体制を異にし、文化・習俗をも異にする周辺諸領域、周辺的諸政治体と中国との弾力性をもった一体的統合を可能にする関係的モデルとして歴史から呼び出されていることを明らかにしている。

だが汪暉のいう〈朝貢関係〉的モデルによる〈中華帝国〉的統合とは、中共党の一元的支配による全体主義的政治社会体制をもった経済大国中国への統合でしかない。この統合が何であるかは、チベットや新疆ウイグルの苦難の実状が教えているし、「一国二制度」がいわれる香港の現状は台湾の人びとに明日の自分たちの姿を予見させている。この春の大規模な〈民主的台湾〉のための運動は、香港の現状に台湾の将来が重なることを拒もうとした学生・市民の民主的決起でもあったのである。われわれはこの〈朝貢関係〉的モデルの提示に欺かれることはないといいうるかもしれない。だが「なぜ伝統的な政治関係や結合モデルにおける、文化や政治、その他習俗の多様性に対する容認度は現代世界のそれよりも高いのだろうか」といった問いかけとともに汪暉が提示する〈朝貢関係〉的な関係性をもった〈東アジア世界〉像はわれわれにとって挑発であり、挑戦でもあるだろう。それは浜下が歴史的な「琉球」からわれわれに読み開いていった多重・多層・多元的な海洋的交易空間としての〈東アジア的世界〉を、一体的な〈中華帝国〉的世界に多元性の相互承認的空間として包摂してしまおうとする挑戦的な〈東アジア的世界〉像の新たな提示であるからである。浜下の〈朝貢関係〉論の汪暉における剽窃的盗用がもつ犯罪的意味はこの点にある。

（二〇一四年六月一三日）

【注】

＊1　汪暉『世界史のなかの中国』石井剛・羽根次郎訳、青土社、二〇一一。

＊2　浜下武志『沖縄入門──アジアをつなぐ海域構想』（ちくま新書、二〇〇〇）。

＊3　『国家と祭祀』（青土社、二〇〇四）。この書の諸章は二〇〇三年七月から〇四年四月まで『現代思想』に連載された。

第4章　中国と〈帝国〉の経験

――中国で『世界史の構造』を読むこと

「しかし、「休みなき王朝の交替」にもかかわらず不変的なのは、アジア的な農業共同体であるよりもむしろ、このような専制国家の構造そのものである。」

柄谷行人『世界史の構造』第二部第一章

「帝国はその中の部族・国家の内部に介入しない、それが帝国内の交易の安全を脅かすのでないかぎり。」

『世界史の構造』第二部第三章

1「私は変わった」

柄谷行人は「八九年以後に私は変わった」と『トランスクリティーク』[*1]の序文に書いている。「それまで、私は旧来のマルクス主義的政党や国家に批判的であったが、その批判は、彼らが強固に存在しつづけるだろうということを前提していた。彼らが存続するかぎり、たんに否定的であるだけで、何かをやったような気になれたのである。彼らが崩壊したとき、私は自身が逆説的に彼らに依存していたことに気づいた。私は何か積極的なことをいわなければならないと感じ始めた。」柄谷がカントについて考え始めたのはそれからであるという。カントを考えることから彼の『トランスクリティーク―カントとマルクス』（批評空間、二〇〇二）が生まれ、さらにその一〇年後に、そこに提示された問題の本格的な展開として『世界史の構造』（二〇一〇、岩波書店）が書かれることになるのである。この両著の成立の前提には、柄谷自身がいうように彼の思想的言説的姿勢における「否定的である」ことから「積極的である」ことへの転換がある。柄谷は自身でいう通り、「変わった」のである。

柄谷のこの変化とともにそこから離れ、そこに置き棄てていった「たんに否定的である」思想的言説的立場について、彼はこのようにもいっている。「私が気づいたのは、ディコンストラクションとか、知の考古学とか、さまざまな呼び名をもって呼ばれてきた思考―私自身それに加わっていたといってよい―が、基本的にマルクス主義が多くの人々や国家を支配していた間、意味をもっていたにすぎないということである。九〇年代にそれはインパクトを失い、たんに資本主義のそれ自体ディコンストラクティヴな運動を代弁するものにしかならなくなった」と。

ここで遅れと無用とを宣告されている思考とは、あたかも私のものであるかのようだ。私が近代日本の「国家と戦争と知識人」の反―近代主義的批判『近代知のアルケオロジー』[*2]を刊行したのは一九九三年である。柄谷が九〇年代にはすでにそれはインパクトを失ってしまったというポスト構造主義的な批判的言説、私においてそれは〈江戸〉を方法的視点とした近代日本の国家と知識をめぐる思想史的批判の言説としてあったが、九〇年代とはその全的な展開期であった。〈近代〉言説の読み直しとしての私の思想史的批判の立場は現在にも持続されている。〈靖国論〉〈近代の超克論〉〈和辻倫理学〉を読むこととして、さらにはいまも継続している〈中国論〉を読むこととして。だが私はこう書くことによって、彼が時代遅れとして見捨てていった立場の名誉回復をはかるつもりはない。ただ「私は変わった」という柄谷の変化から生まれてきた『世界史の構造』への私のもつ違和感の由来を明らかにしたいだけである。

だから私は『世界史の構造』をもともと読む気はなかった。実際にはその評判から購入することはした。だが最初の一節を見ただけで私は投げ出してしまった。

2　中国で読む『世界史の構造』

私が違和感をもって投げ出していた柄谷の『世界史の構造』が、昨年から私に気になるものとして再登場してきた。昨年（二〇一三）の五月号から雑誌『現代思想』が柄谷の「中国で読む『世界史の構造』」を連載し始めたのである。この連載は五回、昨年の一〇月まで続いた。この連載はその前年（二〇一二）に中国の清華大学で『世界史の構造』の中国語訳出版に合わせてなされた講義によるものである。私が『世界史の構造』にあらためて注目したのは、この著述が〈中国で読まれる〉というそのことによってである。「中国で読む」とは、端的に中国においても読まれ、講じられることを意味しているのかもしれない。これが中国においても読まれ、講じられることをもって、まさしくこの本が〈世界史的〉な構造解明の書たるゆえんが実証されると柄谷はいいたいのかもしれない。私はこの書が〈中国で読まれ、講じられる〉ということだけでも、その理由を問いただしたい気がする。だが〈中国で読む〉ということは、ただ中国において読まれ、講じられるということ以上の意味をもっているのではないか。〈中国で読む『世界史の構造』〉とは、〈中国〉という巨大な世界史的な〈帝国的〉経験によってはじめて読み出される〈世界史の構造〉ということを意味しているのではないか。柄谷の清華大学での講義とはそのことを、汪暉らを含む中国の聴衆に語り出したものではなかったのか。そのことを私に教えたのは、『現代思想—特集いまなぜ儒教か』(二〇一四年三月号)の柄谷と丸川哲史との対談「帝国・儒教・東アジア」であった。この対談は『世界史の構造』が「中国問題」の書であることを私に教えたのである。

その対談で柄谷は、「一九九〇年頃、ソ連が崩壊するとともに、それらが相継いで崩壊しました。ところが、中国だけは存続した。それはなぜなのか。それを考えるようになったのは、数年前ですね」といっている。ソ連で崩壊し、中国では存続しているというのは「帝国」あるいは国家の「帝国的輪郭」である。「第一次大戦のあと、旧帝国が崩壊したとき、帝国の輪郭を保ったのはマルクス主義が革命を起こしたところだけです。たとえばソ連や中国は言うまでもないし、それにユーゴスラビアも、ある意味でオーストリア帝国の遺産を継承しています」

と柄谷はいっている。なぜ現代中国に〈帝国〉は存続しているのか。中国に持続する〈帝国〉とは何か。『世界史の構造』が中国で読まれる理由も、中国でもって読み出されねばならない理由もそこにある。上に引いた対談での発言を継いで柄谷はこういっている。*3

「二〇一一年に汪暉が来日して東大駒場で一緒に講演したのですが、そのとき、私は帝国の問題について話しました。また、その翌年に、『世界史の構造』の漢訳が出るのに合わせて、清華大学で講義したのですが、その問題がいつも念頭にありました。汪暉さんや他の教授らが、私のクラスに毎回聴講しにきましたし。しかし、私が中国の帝国に関して考えるようになったのは、中国の問題に特に関心があったからではない。中国の帝国を考えないと、帝国のことが一般的に理解できないからです。」

中国の〈帝国〉的存立への柄谷の関心は、彼がいう通り「世界史の構造」における〈帝国〉論から来るものであるだろう。だがその〈帝国〉論は中国の実践的な関心者によって熱心に聴受されたのである。中国における〈帝国〉の語り出しを、柄谷は「意識しないでそうなった」だけだというかもしれない。だが「帝国・儒教・東アジア」の対談を読むものはだれも、この遁辞を信じるものはいない。

3 〈交換様式〉論

マルクスの〈生産様式〉に基づけた社会構成体の歴史的諸段階をなお有効な分類としながらも、柄谷はこれを〈交換様式〉に基づけて再構成し、再記述しようとする。では資本制社会を〈生産様式〉ではなく〈交換様式〉からとらえるということはどういうことか。

「資本制社会では、商品交換が支配的な交換様式である。だが、それによって、他の交換様式およびそこから派生するものが消滅してしまうわけではない。他の要素は変形されて存続するのだ。国家は近代国家として、共同体はネーションとして、つまり、資本制以前の社会構成体は、商品交換がドミナントになるにつれて、資本＝ネーション＝国家という結合体として変形されるのである。」（序説　交換様式論）

〈生産様式〉論からすれば単なる上部構造である近代国民国家は、〈交換様式〉論からすれば〈資本＝ネーション＝国家〉という三位一体的構造からなる社会構成体としてとらえ直されるというのである。これを柄谷は、「ヘーゲルがとらえた『法の哲学』における三位一体的体系を、唯物論的にとらえなおすこと」だというのである。私は『世界史の構造』を読みながら、柄谷のカントへの強い思い入れにもかかわらず、なおヘーゲルのより濃い影をそこに見出さざるをえなかった。では資本制社会を〈交換様式〉論としてとらえることは、『資本論』との関係でいえばどのようになるのか。

「マルクス自身が解明しようとしたのは商品交換様式が形成する世界だけであった。それが『資本論』である。だが、それは他の交換様式が形成する世界、つまり、国家やネーションをカッコに入れることによってなされた。私がここで試みたいのは、異なる交換様式がそれぞれ形成する世界を考察するとともに、それらの複雑な結合としてある社会構成体の歴史的変遷を見ること、さらに、いかにしてそれらを揚棄することが可能かを見届けることである。」〈序論〉

『資本論』はただ商品交換様式が形成する世界を解明しようとするものであって、他の交換様式に根ざす〈国家〉や〈ネーション〉などへの視点をマルクスはカッコにくくっていると柄谷はいう。だが〈交換様式〉論によってはじめて〈国家〉論、〈ネーション〉論は可能になり、資本制社会の〈資本＝ネーション＝国家〉という三位一体的構造も明らかにされるし、社会構成体の歴史的変遷への展望も可能になると柄谷はいうのである。だがこれはおかしい。もし資本制社会が〈資本＝ネーション＝国家〉の三位一体的構造からなるものとすれば、〈国家〉〈ネーション〉への視点をもたない『資本論』には、マルクスの方法論的な自己制約ということでは片付けがたい問題があるということではないのか。何より〈交換様式〉論としての『世界史の構造』という過剰な語り出し自体が、『資本論』の歴史的制約をいっていることだと私には思われる。

だが柄谷自身はそうは思わない。「彼は国家やネーションをカッコに入れることによってそうしたのだから、後者（国家・ネーション）に関する考察が不十分であったのは当然である。それを批判する暇があれば、国家やネーションに関して、『資本論』でマルクスがとった方法によって自分でやればよいのだ、と。実際、本書で、私はそれを実行したのである」（序論、傍点は子安）と柄谷は反論する。だがこの反論は堂々めぐりのようである。〈国家〉論を欠く『資本論』への疑問に、『資本論』のマルクスの方法をもって自分で〈国家〉論は書けばよいのだとは、一種の堂々めぐりである。この堂々めぐりの反論が明かしているのは、『資本論』からすれば過剰な語りである〈交換様式〉論による『世界史の構造』の正当性の根拠は、『資本論』にしかないということだ。彼は『資本論』の方法をもって書くしかないといっているのである。たしかに〈交換様式〉論としての柄谷の〈世界史の構造〉の読み出しの正当性を根拠づけるものは、『トランスクリティーク』におけるカントを方法とする『資本論』の〈可能性〉に賭けた読み出ししかないのである。「われわれは『資本論』を、重工業以前、国家資本主義以前の古典としてではなく、逆に、新自由主義（グローバルな資本主義）の時代に蘇生するテクストとして読むべきだ。[*4]」

『世界史の構造』とは『資本論』の〈可能性〉に賭けた読み出しをわずかな正当性の根拠と

して成立する危うい著述である。だが「ヘーゲルがとらえた『法の哲学』における三位一体的体系を、唯物論的にとらえなおそうとする柄谷のヘーゲルに対抗する〈世界史〉の『資本論』的、あるいは〈交換様式〉論的制覇の野心はものすごい。〈交流様式〉を根にもった〈世界史の構造〉を彼は作り上げてしまうのである。

4　アジア的社会構成体

マルクスが「資本制生産に先行する諸形態」で示した社会構成体の歴史的諸段階、すなわち「原始的氏族的生産様式・アジア的生産様式・古典古代的奴隷制・ゲルマン的封建制・資本制生産様式」を柄谷は〈交換様式〉をもって構造論的に読み替え、〈世界史の構造〉として再編成する。マルクスがいう「アジア的生産様式」とは何かについては、汗牛充棟をなす学界的議論があり、ロシア・中国や日本の革命をめぐる戦略的論争の主題の一つでもあった。ここでは私がかつていった、「ヘーゲルは「世界史」的展開の必然性をもたないオリエントを「東洋的停滞」「東洋的専制」の名でとらえた。それに対してマルクスは資本主義社会への発展の必然性を内包しない社会を規定する根拠を「アジア的生産様式」の名でとらえたのである。それはヨーロッパによる他者アジア像の構成である」[*5]という理解で十分であろう。「世界史」的展開の傍らに停滞的に持続する広漠たる帝国と共同体的世界、それが「アジア的生産様式」をもって規定された国家社会である。いまこれを柄谷は〈交換様式〉論をもって構造論的な読み替えを遂行する。
柄谷は〈交換様式〉を四つに大別する。Aは互酬（贈与と返礼）、Bは略取と再分配（支配と保護）、Cは商品交換（貨幣と商品）、そしてDはXである。[*6] これにしたがって柄谷はアジア的社会構成体を構造論的に性格づける。「アジア的な社会構成体は、一つの共同体が他の共同体を制圧して賦役・貢納させる体制である。すなわち、交換様式Bがドミナントな体制である」と柄谷はいう。交換様式Bが支配的である集権的な体制を確立するには、支配階級間にある互酬性（交換様式A）をなくすことが不可欠である。「それによって、中央集権と官僚制的な組織が可能になる」というのである。だがそのことはアジア的社会構成体にはB以外の他の交換様式が存在しないということではないとして、柄谷はこういっている。

「たとえば、アジア的な国家の下にある農業共同体は、貢納賦役を強制されることをのぞいて、その内部では自治的であり、互酬的な経済にもとづいている。すなわち、交換様式Aが強く残っている。しかし、こうした農業共同体は主として、国家による灌漑や征服などによって創り出されたものであり、国家（王権）に従属している。他方で、アジア的社会構成体には、交換様式Cが存在する。すなわち、交易があり、都市がある。都市はしばしば巨大なものとなるが、つねに集権的な国家の管理下にある。この意味で、アジア的社会構成体は、交換様式AとCが存在しながらも、交換様式Bが支配的であるような社会構

成体なのである。」(序説・交換様式論)

このアジア的社会構成体の〈交換様式〉論による構造解明は、柄谷の〈世界史の構造〉解明の代表的事例であり、同時に成功した事例としてここに引いた。東洋的専制国家といわれる国家(帝国)の成立が〈世界史〉的にもつ構造論的意味を、柄谷の〈交換様式〉論ははじめて明らかにしたのである。アジア的国家(帝国)の成立をめぐって柄谷がいう重要な構造論的意味を列挙しておこう。

［共同体＝国家］交換様式Bがドミナントである国家とは共同体の延長として成立するものではない。王権(国家)は共同体の内部からではなく、その外部から来る。だが、同時にそれは共同体の内部から来たかのように見えなければならない。さもなければ王権(国家)は確立されない。古代から国家はいわば共同体＝国家としてあらわれたのである。この形成に最も重要な役割を果たすのは宗教である。政治的首長は諸共同体における神(先祖神・部族神)を超える神を奉じる祭司となった。(第二部第一章「国家」)

［専制国家と農業共同体］国家が農業共同体を作り出したのである。専制国家は貢納賦役を課すほかには、農業共同体の内部に干渉しなかった。アジア的専制国家の下で農業共同

体の互酬性は保持された。人々は国家（王）に完全に従属するが、逆にそのことによって農業共同体は自治的な集団であることが許容された。（同上）

［持続する専制国家の構造］特筆すべきことは、集権的な国家として完成された形態、つまり官僚制と常備軍というシステムが、アジア的国家によってもたらされたということである。農業共同体が不変的だから、専制国家も永続的だということではない。真に永続的であるのは農業共同体よりも、それを上から統治する官僚制・常備軍などの国家機構である。アジア的専制国家のこの国家機構が、王朝が変わっても基本的に継承されたのである。そしてそれがむしろ農業共同体を持続させたのである。（同上）

この〈アジア的専制国家〉の成立をめぐる柄谷の〈交換様式〉論的な構造解明を見ると、彼の〈交換様式〉論的な構造解明は〈アジア的専制国家〉のためにあるかのように思われる。この〈アジア的専制国家〉はその外延的な側面において見ると、多数の都市国家や共同体を包摂する〈帝国〉である。歴史的社会構成体としての〈アジア的国家〉とは〈帝国〉、柄谷のいう「世界システム」としての〈世界＝帝国〉である。

5 〈世界＝帝国〉

アジア的専制国家は賦役貢納国家である。「それは服従と保護という「交換」によって、多くの周辺の共同体や国家を支配下におくものである。すなわち、それは交換様式Bが支配的であるような社会構成体である。しかし、アジア的専制国家は、外延的な側面において見ると、多数の都市国家や共同体を包摂する、世界システムとしての世界＝帝国である。[*7]」（第二部第三章「世界帝国」）。アジア的専制国家は〈世界＝帝国〉として〈世界史の構造〉における重要な範型的位置を占めることになる。

一般にローマ帝国をもって〈世界帝国〉の代表とするが、「ローマは最終的に広大な帝国となったが、それはむしろ、アジアの帝国システムを基本的に受け継ぐことによってである。ゆえに、われわれは、アジアに出現した専制国家を、たんに初期的なものとしてではなく、広域国家（帝国）として（形式的には）完成されたものとして考察すべきものである。」（第二部第一章「国家」）。そうであるならば、〈世界帝国〉としてのアジア的専制国家＝中華帝国は間違いなく〈世界史の構造〉における代表的範型の位置を占めることになるのである。

もし『世界史の構造』にヘーゲル的〈世界史〉への対抗の意図があるとするならば、〈世界史〉的な負像としてのアジア的専制国家を〈世界史の構造〉の代表的範型とすることで、柄谷の『世界史の構造』はヘーゲル批判の意図を実現したということができる。では〈世界史の構造〉の代表的範型としての世界＝帝国・アジア的専制国家とはいかなる特質をもつのか。

広域国家としての帝国は、障害の多かった共同体間、国家間の交易を容易にしていく。「帝国は軍事的な征服によって形成されるのだが、実際には、ほとんど戦争を必要としない。各共同体や小国家は、戦争状態よりもむしろ帝国の確立を歓迎するからだ。その意味で、世界＝帝国の形成は、交換様式Bだけでなく、交換様式Cが重要な契機となる」と柄谷はいう。ここから世界＝帝国とはその帝国内の共同体や小国家間の交易の安全を保障するシステムであるとされる。

このシステムは中国（帝国）においては、前回の「琉球論[*8]」でのべたような冊封体制と朝貢体制としてあった。それらは帝国における宗主国と各藩領・藩域との支配関係、また藩領・藩域間の相互関係と同時に交易的関係をも保障する帝国的体制原理であった。柄谷も、「中国の帝国においては、傘下の諸部族・国家は朝貢しさえすればその地位を認知されるのであり、そしてその朝貢も、それ以上のお返しを受けるのであってみれば交易の一部にほかならなかった。帝国はその中の部族・国家の内部に介入しない、それが帝国内の交易の安全を脅かすのでないかぎり」といっている。

さらに柄谷は〈世界＝帝国〉は〈中核―周辺―亜周辺〉という地政学的構造をもつことをいう。「世界＝帝国において、周辺部は中核によって征服され吸収される。また、逆に、中核に侵入して征服することがある。その意味で、周辺は中核と同化する傾向がある。ところが、亜周辺は、帝国＝文明と直接する周辺と違って、帝国＝文明を選択的に受け入れることができるような地域である。」（第二部第三章「世界帝国」）。この〈世界帝国〉の地政学的な構成は重要な問題である。東アジア世界を中華的〈帝国＝文明〉世界と見るかぎり、東アジアのわれわれは中華的〈世界＝帝国〉の〈中核―周辺―亜周辺〉という地政学的構造において、この〈世界＝帝国＝文明〉の隆盛と衰退の運命をともにしてきたということになるのだから。このことは二一世紀の東アジアにおけるわれわれの運命を、東アジア世界の構成とともに問わしめるような問題である。

さきにふれたように柄谷が『世界史の構造』で〈帝国〉の問題を考えるようになったのは、現代中国になぜ〈帝国〉が存続しているかという問題であったといっていた。マルクス主義者に指揮されたソ連や中国の社会主義革命は、それを意識することなく〈帝国〉を再生したともいっていた。また柄谷を「帝国・儒教・東アジア」（『現代思想』一四年三月号）という対談の場に呼び入れた丸川哲史も現代中国における「帝国の原理」の持続をいい、その「再浮上」をいったりしている。彼らが現代中国を〈帝国〉というのは、多くの異民族とその文化共同体を包括支配してきた〈中華帝国〉的広域支配を持続させている現代の共産党国家中国をいっているのである。この現代中国の〈帝国〉的現状は、〈帝国〉的支配なのか、〈帝国主義〉的支配なのかを見分けることができない事態になっている。すでにグローバル資本主義を支える大国である中国にあるのは、世界の二極分化に起因する中近東世界における動乱と同質の動乱である。『世界史の構造』が中国で読まれ、また〈帝国〉の経験が語られるのは現代中国のこの事態においてである。

「だから帝国の原理がむしろ重要なのです。多民族をどのように統治してきたかという経験がもっとも重要であり、それなしに宗教や思想を考えることはできない。」と前記「対談」で柄谷はいう。だが〈帝国〉の経験を教訓として重用するのは習近平以外のいったいだれなのか。

（二〇一四年七月一一日）

[注]

＊1　柄谷行人『トランスクリティーク―カントとマルクス』批評空間、二〇〇一。

＊2　『近代知のアルケオロジー―国家と戦争と知識人』岩波書店、一九九六。本書は後にいくつかの文章をも加え、『日本近代思想批判―一国知の成立』と改題されて岩波現代文庫の一冊として再版（二〇〇三）された。

＊3　柄谷は『世界史の構造』でこういっている。「通常、世界＝帝国は諸民族に、つまり、多数の国民国家に分解されてしまう。ロシアや中国がその運命を免れたのは、民族より階級問題を根本におくマルクス主義者に指揮されたからである。もちろん、彼らは帝国を再建するつもりではなかった。しかし、「意識しないがそうした」（マルクス）のである。」（第三部序論）。

＊4　柄谷『トランスクリティーク―カントとマルクス』第四章・2「可能なるコミュニズム」。

＊5　子安『「アジア」はどう語られてきたか―近代日本のオリエンタリズム』藤原書店、二〇〇三。

＊6　この〈交換様式〉の四分類は、近代的派生態との対応で、A―ネーション、B―国家、C―資本、D―Xととらえられ、さらに世界システムの諸段階として、A―ミニ世界システム、B―世界＝帝国、C―世界＝経済、D―世界共和国として示される。（柄谷「『世界史の構造』について」、連載「中国で読む『世

界史の構造』」第一回、『現代思想』二〇一三年五月号）。

＊7　なおここで柄谷は、「帝国を世界システムとして見る場合、「世界＝帝国」と呼び、個々の帝国については、「世界帝国」と呼ぶ。」と注記している。

＊8　本書第3章「中国と〈帝国〉的視野──「琉球」をなぜ語るのか」。

第5章　帝国と儒教と東アジア
――〈東アジア問題〉を今どう考えるか

「帝国は、諸国家がいかに連合していくかという問題に対して、歴史的な教訓を与えるものです。……だから、帝国の経験は、マルクス主義者であろうとなかろうと、けっして見逃すことのできないものです。」
柄谷行人「帝国・儒教・東アジア」

「さらに今日、グローバリズムが席捲する中で、儒教モデル受容の歴史的経験の不在という条件が日本の進路を大きく制約していると考えられること、云々」
宮嶋博史「日本史認識のパラダイム転換のために」

1　東アジアの現実

東アジアの現実、ことに中国をめぐる現状を見ることから始めよう。それはわれわれの議論の出発点である東アジアの現実の確認作業である。いま中国の津々浦々に次ぎのような一二の言葉が流布しているという。それは「富強・民主・文明・和諧・自由・平等・公正・法治・愛国・敬業・誠信・友善」の一二語である。[*1]北京の中心部に立つ巨大な広告塔にも、そして内陸地方都市の銀行や商店の掲示板やバスやタクシーの車内にまで「社会主義核心的価値観」を表現する一二語があふれているというのである。この一二の標語には中国の党＝国家が忌避してきた近代民主社会の諸価値も含まれている。中国の党中央は昨年の春、各大学に講義してはならない七つの主題を提示したという。それは「七不講」と呼ばれている。すなわち「（人権などの）普遍的価値」「報道の自由」「市民社会」「共産党の歴史的過ち」「司法の独立」などである。[*2]とすればあの一二の標語における「民主」も「自由」も「平等」も、そして「公正」も「法治」も、近代民主社会における〈普遍的価値〉ー中国はこれを近代欧米社会における〈特殊的価値〉とするーとは異なった、まさしく〈社会主義的価値〉概念であることになる。

中国の人びとは街中に氾濫するこの一二標語を見ても、また例によってお上のキャンペーンかと気にも留めない風であると記者は書いている。だが私はこの記事を読んで、「これはすごいことだ！」と驚きをもって中国を見直した。中国が従来批判し、その受容を拒否してきた欧米的近代社会における〈普遍的価値〉を、おのれの独自的価値系列に組み入れて、「社会主義核心的価値」として再構成し、再提示してしまう中国のふてぶてしい〈大国性〉に、私はあらためて「これはすごい」と感嘆せざるをえなかった。

しかしこれに感嘆するとともに私は、いま日々に激しさを加えている香港の学生・市民の抗議行動をもたらす原因をなしている政治事態とは何かを理解した。中国の全人代常務委員会が二〇一七年に予定される香港行政長官選挙をめぐってした決定（二〇一四年八月三一日）とは、香港市民に許されるのは〈社会主義的価値〉としての「民主」であり、「自由」だけだということである。市民に許されるのは限定された候補者についての投票行為だけだということである。そのことは「一国二制度」をいわれる自治的行政区香港が、〈社会主義的価値〉の共有体としてあらためて中国に〈一国的〉に、いいかえれば政治的制度、価値観において一多様体としてある香港が中国に〈帝国〉的に再統合されようとしていることを意味している。これは東アジア世界におけるわれわれの存立にかかわる重大な問題だと私は考えている。だが香港の〈帝国〉的再統合に、東アジアにおけるわれわれの存立にかかわる危機を感じ取っているものは日本ではきわめて少数でしかない。

2　中国の〈帝国〉的現前

香港における民主的、市民的権利の行方について強い危機意識をもって見つめる日本人はまったく少数である。香港の問題だけではない、今年の春の台湾における学生らによる立法院占拠という〈民主的台湾〉のための戦いに支援の手を差し伸べようとしたものは日本にはほとんどいなかった。私が台北に駆けつけても、それはただ例外性を示すことにしかならなかった。これは中国本土における民主化運動についてもいえることである。中国の党国家政府によって規制されることがなくとも、日本の〈革新派〉の知識人たち、ことに中国に関わりの深い学者・知識人・出版人たちはあたかも自主規制しているかのように口を噤《とざ》している。いや彼らは自主規制するというよりも、民主化運動を抑圧する中国の党＝国家政府の側の正当性をむしろ積極的に認めているように私には思われる。中国本土における民主化運動だけではない、香港市民や台湾の学生たちによる民主的自立をかけた闘争についても、〈社会主義的価値〉の共有による〈帝国〉的統合を貫こうとする中国の側に彼らは正当性を認めているのではないか。これは当てこすりの非難ではない。東アジア市民の民主的自立のための闘争に、終始沈黙をもって対する現代日本の知識人の政治態度から自ずから導かれる結論である。

私は中国の自治的行政区香港における市民の民主的権利を抑圧して行われようとする行政長官選挙は、〈社会主義的〉中国による香港の〈帝国〉的再統合ではないかといった。明・清朝中国の〈帝国〉的領域の正統的継承をいい、中華民族の復興とより強大な発展をいう現代中国はすでに〈帝国〉を自認している。香港の行政長官選挙をめぐる事態は、中国の〈帝国〉的現前を香港市民だけではない、東アジアのわれわれにまざまざと見せつけるような事態ではないか。

現代中国の〈帝国〉的に現前を日本の知識人はいち早く承認しているように思われる。さきに『世界史の構造』[*3]（二〇一〇）で世界史における〈中華帝国〉の正当な位置を回復させた柄谷行人は、北京の清華大学での講義からなる新著『帝国の構造』（二〇一四）で、〈帝国〉としての統合的支配の経験を中国のために歴史から語り出し、東アジア周辺地域における〈帝国〉体験をコリアと日本のために語り出している。この『帝国の構造』が東京の書店の店頭に大量に平積みされている光景を見て私は、「これは一体何なのか」と考えこまざるをえなかった。さらにこの書の翻訳版が北京で、ソウルで、そして台北でやがて販売され、あるいはすでに販売されていることを思うと、私の疑問と困惑は東アジアと等身大のものとなる。〈中国＝帝国〉は東アジアですでに文書上に現前しているのである。

3 〈中国＝帝国〉の歴史的回帰

〈中国＝帝国〉の歴史的な回帰をすでに早くいっていたのは日本の中国史・東洋史学者たちであった。彼らは唐―宋間の変革に中国〈近世〉の始まりを見る内藤湖南の説を継承発展させ、一一世紀宋代に政治史、経済史、社会史、思想史、さらに技術史的近世（早期近代《アーリー・モダーン》）の始まりを論証していった。それは世界史的にずば抜けて早い近世（近代）の始まりであった。この宋朝近世（近代）は哲学的に体系化された新儒学（宋学・朱子学）を成立させ、官吏登用試験としての科挙を皇帝的国家制度として確立させた。こうして皇帝に直属する国家官僚・官吏（士大夫）層が儒家的教養をもった読書人階層として成立していく。貴族の領主的支配に属していた平民は、この貴族を廃絶した宋代にあって、官僚的な統治機構に組み入れられながらも人身的に帰属することはなく、むしろ皇帝の直接的な支配体系に帰属する平民になっていった。内藤湖南はこの宋代の中国社会の成立を近世（近代）と呼んだのである。中国的近世とは「君主専制時代」であるとともに「平民発展時代」であると湖南はいう。「それで貴族時代が崩れて、そうして君主も貴族から解放されます。平民も貴族から解放される。丁度平民が解放された時代が君主も解放されて、そうして君主が政権を専有して居りましたが、それに支配されるものは平民で、その間の貴族という階級が取れましたから、それで君主専制時代が即ち平民発展時代になります。[*4]」

ところで世界史的にずば抜けて早く成立する宋代近世（近代）の国家社会体制を「儒教モデル」と呼びながら、東アジアの近代史の根本的な読み直し、とらえ直しを朝鮮史の宮嶋博史がいっている。彼がいう「儒教モデル」とは、「儒教＝朱子学を理念として掲げ、その理念の実現を目指す国家、社会体制のことである。その核心は、儒教に関する深い知識を有する者を科挙によって選抜し、彼らが国家統治を担当すること、および、統治のもっとも重要な方法として「礼」が位置づけられ、「礼治」の徹底をはかることの二点にある[*5]」という儒教的統治システムである。これだけでは「儒教モデル」の理念型的構成としては不完全ではあるが、宋代近世社会の世界史的な早期の成立を、普遍的哲学・知識・道徳体系としての新儒学（宋学・朱子学）の成立との強い関係性の上に宋代近世の国家社会を「儒教モデル」という普遍的な類型をもって再提示しようとした意図は理解される[*6]。宮嶋はこの「儒教モデル」を構成することによって、この「儒教モデル」との関係の中で日本近代史を、日本近代のいち早い成立も、東アジアの現在における日本の孤立をも読み解いていくのである。

「一九世紀なかばまでの日本が東アジアで周辺的な地位にあったというとき、その最大の根拠は、日本における儒教モデルの拒否にあったこと、そして一九世紀後半以降日本が東アジアの中心に駆けあがることができたのも儒教モデルから日本が相対的に自由であったことが決定的に作用したこと、さらに今日、グローバリズムが席捲する中で、儒教モデル受容の歴史的経験の不在という条件が日本の進路を大きく制約していると考えられること……。」

宮嶋は「儒教モデル」による日本史認識のパラダイム転換をこのようにいうのである。このパラダイム転換は日本史についてだけいうのではない。これはもともと世界史認識におけるパラダイム転換である。すなわち〈ヨーロッパ的近代〉から〈中国的近代〉への世界史認識における〈近代〉の範型的転換である。この歴史認識のパラダイム転換の要求には、〈ヨーロッパ的近代〉の行き詰まり、あるいはその終焉の認識が前提にされているだろう。それゆえこのパラダイム転換の主張は、アジアにおける〈近代の超克〉の二一世紀的な表現だということもできる。二〇世紀の〈近代の超克〉論は、その論の構成基盤に〈八紘一宇〉という〈帝国〉的中心と周辺とをすでにもっていた。二一世紀の〈近代の超克〉論が暗黙に前提しているのは、〈宋代的近代〉を二一世紀的現代に実現する東アジアの〈社会主義〉的な中心—周辺的関係を備えた〈帝国＝中国〉である。たしかにそうだ、「日本史認識におけるパラダイム転換」論は二一世紀中国の〈帝国〉的現前とその成立の時期をともにしているのである。最後に宮嶋の「パラダイム転換」の問題提起は与那覇潤の『中国化する日本—日中「文明の衝突」一千年史』[*7]といういっそう過剰な「パラダイム転換」による文明論的な歴史裁断の言説を成立させていることをいって、この長すぎた〈東アジア〉論の序説を終えよう。

4 儒教の多元性

私はこの世紀の変わり目の時期に連続して台湾での「儒学」や「東亜問題」をめぐる学術集会に招かれ、多くの報告もし、議論にも加わった。もともと「東亜（東アジア）」という中国とその周辺を含んだ地域概念は中国にはない。ましてや「東亜儒学」といったものは中国にはない。あるのは「儒学」あるいは「中国儒学」である。だから「東亜儒学（東アジア儒教）」とは新たに構成される学術的問題領域なのである。私はなぜ台湾が「東亜儒学」なのか、それは〈帝国的儒学〉の台湾による再形成の願望ではないのかといった疑いをもちながらも、「東亜儒学」の新たな形成により大きな期待をかけて台湾のシンポなどに参加していった。

一九九七年四月に台南の成功大学で開催された「台湾儒学」を主題にした学術シンポジウムに私は報告者として招かれた。だが私はその招聘状にある「台湾儒学」という主題の意味を計りかねていた。台湾ナショナリズムの興隆がこの主題をもたらしていることは想像できても、その主題は台湾の文化的な主体、文化的な同一性の策定を促すものなのか、新たな文化的中心としての台湾の再構築なのか、それとも大中華主義への台湾からの呼応であるのか。そのいずれとも私は計りかねていた。ただ一般に、儒学を主題とする国際学術会議が、「現代化」「国際化」のスローガンに呼応しての過去の儒学的教説の恣意的な現代的解釈の退屈な述べ合いになることを知っていたし、恐らくこれもまたそのような会議であろうと不遜にも私は想像していた。私は「日本からいかに儒教を問うのか」という〈儒教問題〉をめぐる方法論的な報告を用意して台南のシンポに参加した。*8

私は会議における報告を聞くにしたがって「台湾儒学」というこのシンポに掲げられた主題の意味を理解していった。報告は台湾の保守的月刊誌『孔孟月刊』の本土文化一元論的な儒学主義に対する批判であり、日本占拠時代の台湾儒学についてであり、台湾平埔族の儒教的教化をめぐる問題であり、さらに台湾「一貫道」における対儒家的融合などなどであった。それらは「台湾儒学」という問題設定とともに開かれる言説地平の豊かな広さをつぶさに私に教えた。台湾から「儒教・儒学」を見るという視座の成立が、一元論的な儒学的言説を解体させ、多様な儒教的言説への視点を開いているのである。「台湾儒学」という主題に危惧を抱いて参加した私は、シンポの会場にあって目を開かれたのである。

これらの「台湾儒学」という問題群は、ポスト・コロニアルの、あるいはカルチュラル・スタディーズの問題群だということはできるだろう。だが私はこれらを台湾という中国の周辺から〈儒教・儒学〉を見ることから導かれる〈儒教の多元性〉にかかわる問題構成としてとらえていった。シンポの最終日に総括の言葉を求められた私は黒板に儒教の座標軸を描きながら、〈儒教の多元性〉をめぐる総括の言葉をのべていった。

「いまひとつの図を描いてみたいと思います。文化的中心から周縁に向けての水平な文化軸を引きます。伝統的には中華帝国が文化的中心に位置し、日本帝国が新たな中心を主張しました。またそれと交差する形で古代から近代にいたる時間（歴史）軸を垂直に引きます。さらに三次元的に社会軸、すなわち帝国の官僚、学者（教授）、知識人から社会の末端の民衆層に至る社会軸を描き加えますと、それらの各象限に実に多数の儒教文化が成立し、展開したとみることができます。しかし私がこのような図を描くのは、それぞれの多様な儒教文化にそれぞれの位置を持ち分けさせようとするためではありません。むしろ「儒学」の文化一元論的な記述が〈帝国〉のナラティヴにほかならないことを明らかにするためです。〈文化的中心〉と〈帝国の官僚・学者〉にみずからを同一化させ、〈本来的始原〉に已れの視点を同定させる研究者によって〈真正〉な「儒学」は構成され、正統な儒学史が記述されることになるでしょう。そして彼の目からは軸上の末端に成立する儒教文化は〈歪曲〉と〈卑俗〉とをもって見られることになります。純粋な概念の同一性からなる〈真正〉な「儒学・儒学史」とはそうした研究者の語る〈帝国〉の哲学的ナラティヴなのです。〈儒教文化の多元性〉とは〈帝国〉の哲学的ナラティヴとしての「儒学史」の脱構築の上に開かれる文化理解のための新たな立場です。この会議が〈儒教文化の多元性〉という文化理解の新たな方向を指し示したことの重要性を私は確認したいと思います。」

一七年前の台南における「台湾儒学」国際学術シンポジウムの熱っぽい総括の言葉を私はここに長く引いた。それはこのシンポを通じて私は〈東アジア〉と〈儒教の多元性〉という、近世日本儒教研究の意義と日本思想史研究者としての私の自立性にかかわる概念を新たに見出しえたからである。それは〈帝国〉の中心—周縁的関係構造からなる一元的儒学・儒学史の解体とそれからの離脱によってえられる開かれた地平をいう概念である。私の〈徳川儒教〉[*9]研究は、東アジアの多元的儒教の一構成体の研究を通してその多元的儒教文化の豊穣を実現していくことになるのである。

だが台湾における〈東亜儒学〉という新たな学術的言説と学問領域の形成は、〈東アジア〉における〈儒教の多元性〉という中国にとって未知の領野を開くというよりは、〈帝国〉の一元的な世界に帝国の周縁に成立する多様な地域的儒教を包摂する〈一元多様体〉としての儒教世界の構成という方向をとっていったのである。〈一元多様体〉論とは現代中国の〈帝国〉的統合を仮装する文化的、政治的イデオロギーである。私がいう〈東アジア〉とは台湾あるいは中国で「東亜儒学」という〈東亜〉ではない。

5 「東亜文化圏」は「中国文化圏」か

「東亜文化圏の形成と発展」という学術シンポジウムが台湾大学で開催されたのは二〇〇二年六月であった。このシンポジウムのいう「東亜文化圏」とは、私が台南の「台湾儒学」のシンポで〈儒教の多元性〉とともに見出した〈東アジア〉概念とは全く違う、むしろその解体的な克服をいってきた〈東亜〉概念に基づくものであった。その開催趣意書は主題に掲げられた「東亜文化圏」をこう説明している。

「いわゆる「東亜文化圏」とは、近代以前の東亜文明世界を指している。近代以前、世界は数個の歴史世界からなっていた。それはたとえば地中海世界であり、イスラム世界であり、インド世界であり、また東亜世界である。東亜世界とは地理的に中国本土を中心として、今日の韓国・日本・ベトナムなどの地域を包括する。この東亜世界は中国文化を主要成分していることにおいて，他の歴史世界とはっきりと区別される。まことに銭穆《せんぼく》がいっているように、中国文化は農業文化・平和文化であり、また古い文明国中でなお唯一現存する最優秀な文化である。これによって考えれば、中国文化の持久性は東亜文化圏の重要な特質を形成する。…東亜文化圏は漢字・儒教・律令・科学技術（特に医学・算学・陰陽学・天文・暦算など）・中国仏教の五要素を包括している。東亜文化圏の形成は一気になされたわけではない。長い時間と幾多の転変を経ねばならなかった。…隋唐の中国統一は歴史を画する意義をもっている。ここにはじめて中国文化圏が形成され、一元化された東亜世界が出現するのである。*10」

一九九七年四月の台南の「台湾儒学」のシンポで、〈東アジア〉で儒教を問うことはかくあるべきだと思った私は、その五年後、台北の「東亜文化圏」のシンポで〈中華帝国〉に収納されてしまった〈東亜〉あるいは〈東亜儒学〉を見ることになった。これは五年という歳月がもたらした変化であるのか。あるいは台南（周縁）と台北（中心）という文化地理的位相がもたらす変化なのか。それとも〈東亜〉とはもともと〈中国文化圏〉にほかならなかったのか。だがもともと〈中国文化圏〉であるものを、なぜいま〈東亜文化圏〉として語り直そうとするのか。中国の周縁である台湾を発信基地とする〈中国文化圏〉の語り直しをしようとしているのか。たしかに「東亜文明」とは、二〇世紀のアジアの新たな中心となった日本帝国からする「中華文明」の〈帝国〉的語り直しであった。[*11]とすれば中国は己れの周縁・台湾によって〈中国文化圏〉を〈東亜文化圏〉として〈帝国〉的に再構成する語り直しをやっていることになるのではないか。しかしいま〈東亜文化圏〉をいうことによって何が変わるのか。それが〈中国文化圏〉であることの実質に何の変化もない。ただ広域文化圏としての仮装をしただけではないのか。

私は台北での学術シンポジウム「東亜文化圏の形成と展開」の総会で、あるいは最後の総括の場で、「東亜」を実体的な概念としてではなく、方法的な概念として考えるべきだといった。「私は「東亜」概念の再構成にあたって方法的であるべきだといいたい。方法的ということは、「東亜」の実質的な、あるいは実体的な再生に対立しながら、「東亜」をあくまで思想の方法的な概念に組み替えていくことである。実体的な「東亜」とは、有機的な一体性をもった「東亜」の結合原理を求めながら、帝国的な言説として再構成されるものである。そのような「東亜」とは中華帝国の、あるいは日本帝国の代替物でしかなかったし、そうでしかないだろう。「東亜」概念をめぐって方法的であるとは、この実体的な「東亜」、帝国的言説としての「東亜」の再生に批判的であるということである。同時に「東亜」は方法的な概念へと組み替えられていかねばならない。「東亜」概念がもつ多元性への視点がここで方法的な視点として、「東亜」をめぐる言説的実践に貫かれることが必要である。[*12]」

この文章は注記したように、二〇〇二年の台北での「東亜文化圏」シンポをめぐって書いた私の論文「「東亜」概念と儒学」の結論部分からの引用である。こうした自分の論説からの引用は、私の近い過去の論説をたぐり寄せながら問題を再構成し、〈東アジア〉の可能性を見出そうとするこの論述のスタイルに免れがたいものである。私はこの一二年前の文章を引きながら、東アジアの国際環境はいっそう難しいものになっている現在でも、この結論がもつ意義はなお失われていないと確信した。だがこの結論を引く私にここでさらに求められていることは、方法的概念として〈東アジア〉をいうことの意味を、示唆的提示以上に、納得できるものにすることであろう。

6 「方法としてのアジア」再論

〈アジア〉の可能性を〈方法〉概念をもっていったのは竹内好がはじめてである。またぞろ竹内かと人はいうかもしれない。私自身もすでに何度も竹内とこのテーゼについて書いている。[*13]だが竹内の「方法としてのアジア」を措いて、日本で〈アジア問題〉をめぐるわれわれの理論的構成を助けるものは他にない。竹内のこのテーゼは、戦後日本から、われわれが担わねばならない歴史と、われわれの置かれている現実と、そして己れ自身についての認識に立って

〈アジア〉をいった例外的な言葉である。

竹内がここでいう〈方法〉は〈実体〉に対してである。彼は一九六〇年の講演[*14]でこういっている。「東洋の力が西洋の生み出した普遍的な価値をより高めるために西洋を変革する、これが今の東対西という問題点になっている。……その巻き返す時に、自分の中に独自なものがなければならない。それは何かというと、おそらくそういうものが実体としてあるとは思わない。しかし方法としてはありうるのではないか」（「方法としてのアジア」[*15]）と。彼はここで「方法として」ということ以上に何もいっていない。後に竹内はこの講演を彼の評論集[*16]に収録するに当たって補筆している。すなわち「方法としては」の後に「つまり主体形成の過程としては」という言葉を補っている。だがこの補筆によって竹内の思想の積極的な読み手が、アジア的変革を担う民族的主体の形成を通じてのヨーロッパ近代とその〈普遍的価値〉の練り直しのように解するならば、それは竹内が「方法としてのアジア」といったことと微妙に違う。それは新たな価値的な〈実体としてのアジア〉の形成をいうことになってしまうのではないか。すなわちアジア的主体による近代ヨーロッパの超克の方式になってしまうのではないか。そうなると竹内の「方法としてのアジア」とは、「社会主義的核心的価値」をいう現代中国の党=国家的戦略と同じものになってしまうだろう。これは溝口雄三[*17]がいう「方法としての中国」[*18]である。

溝口もまた竹内の「方法としてのアジア」にならって「方法としての中国」をいった。だが溝口の「方法としての中国」とは、世界認識、歴史認識の基準としての〈ヨーロッパ的近代〉とそれを基準とした〈世界史〉を読み直す方法としての中国的近代の独自性の認識を意味している。したがって溝口の「方法としての中国」は〈実体としての独自的中国、あるいは独自的な中国的近代〉を生み出してしまうのである。だから私は竹内のテーゼへの民族的主体の読み入れと、溝口のいう「方法としての中国」は、そこから導き出されるものは同じだというのである。

竹内がいう「方法としてのアジア」とは、ヨーロッパ近代が生み出しながら、近現代史の過程でその輝きを失わせていった〈普遍的価値〉を包みかえし、その輝きを再びとりもどすことは〈アジア〉にできるのではないか、しかしその〈アジア〉とは〈実体としてのアジア〉ではなく、〈方法としてのアジア〉だということである。この〈アジア〉とは、中心―周縁という関係構造をもって己れを中心化させたり、あるいはもう一つの中心となろうとする〈帝国〉としての〈実体的アジア〉ではない。竹内がいうのは〈アジア〉が〈アジア〉であることで〈普遍的価値〉を高めていくことである。

〈アジア〉が〈アジア〉であることで〈普遍的価値〉を輝かす道とは、近現代の世界史の過程で〈負〉を刻印され続けた〈アジア〉が、それが負う歴史性によってはじめてあの〈普遍的価値〉をもう一度輝かす道があるということである。この〈アジア〉とその歴史性をめぐる問題は明日の講演であらためて申し上げたい。[*19] ここでは竹内の「方法としてのアジア」が指示するもう一つの〈アジア〉、すなわち〈多元的世界〉としての〈アジア〉について申し上げたい。

〈方法としてのアジア〉論は〈実体としてのアジア〉論を否定的にこえる脱〈帝国〉的言説である。〈方法として〉の〈アジア〉をいうことは、〈アジア〉を〈一元多様体〉的〈アジア〉ではないものとして見出すことである。それは一元的に〈帝国〉に包括されない、開かれた〈多元的世界〉としての〈アジア〉である。〈方法としてのアジア〉が〈アジア〉の可能性として指し示す道とは、多元的な世界がその多元性を通じて人類の〈普遍的価値〉を充実させ、輝かしていく道である。

私は台湾における〈儒教〉や〈東亜問題〉シンポの体験をたぐり寄せながら、〈東アジア〉をめぐって私に可能な言葉を求めてきた。われわれが〈東アジア〉をいうことは、〈帝国〉の仮装であってはならないのである。われわれが〈東アジア〉をいうことは、多元的で、豊穣な東アジア世界を見出すことでなければならない。また〈東アジア儒教〉をいうことは、東アジアの多元的で、豊穣な儒教世界を見出すことでなければならない。私は自分が専門とする徳川儒教がコピーでも、まがい物でもないことを知っている。私は徳川儒教の豊穣な成果の認識を通じて、これを徳川日本に成立させた朱子学の普遍的意味を再発見している。それは宮嶋のいう国家・社会体制的「儒教モデル」としての朱子学ではない。近世東アジアに学的知識を可能にした朱子学なくして、その批判としての伊藤仁斎の古学もなく、仁斎による『論語』と孔子の再発見もない。私はいま東京の「論語塾」で市民とともに仁斎の『論語古義』を読みながら、孔子という存在の人類的な意味を再発見している。

【付記】私ははじめ「帝国と儒教と東アジア」を一一月に予定されているソウルでの講義を考えながらも講座「中国問題」の第五回（最終回）の原稿として書いた。それを一一月のゼミナール参加者である韓国の研究者を前提にしてより一般性をもったものとして書き改めたのが、ここに掲載する原稿である。なおこのゼミナールは韓国学術協議会（Korea Academic Research Council）の主催で講演会とともにソウルで二〇一四年一一月六日、七日に開催された。

【注】

＊1　朝日新聞「社説余滴」（二〇一四年九月二日）。記者は国際社説担当の村上太輝夫。

＊2　朝日新聞「学問の自由縛る七不講」（消される言葉・天安門事件から25年③、二〇一四年六月一日）。

＊3　『世界史の構造』については本書第4章「中国と〈帝国〉の経験―中国で『世界史の構造』を読むこと」参照。

＊4　内藤湖南「近代支那の文化生活」『支那論』所収、創元社、一九三八。

＊5　宮嶋博史「日本史認識のパラダイム転換のために―「韓国併合」100年にあたって」『思想』二〇一〇年一月、岩波書店。

＊6　宮嶋の「儒教モデル」を補強するものとして、伊東貴之のいうところを引いておこう。「宋「近世」説における、世界史的に見た、中国の政治社会の相対的な「先進性」への評価のひとつの眼目が、開かれた社会的な流動性を担保する、科挙官僚体制の充実にあることは、見易い道理であろう。」（伊東「伝統中国をどう捉えるか?」『現代思想』二〇一四年三月号。）

＊7　与那覇潤『中国化する日本―日中「文明の衝突」一千年史』文藝春秋、二〇一一。

＊8　台南における「台湾儒学」国際学術シンポジウムについては、そこでの私の報告と総括とを含む文章を『思想』（八八三号、一九九八年一月）に「儒教文化の多元性」として書いている。これは『方法としての江戸』（ぺりかん社、二〇〇〇）に収録されている。

＊9　〈徳川儒教〉という呼び方は、近世日本を〈皇国日本〉の連続性に立たない〈徳川日本・Tokugawa Japan〉と呼ぶ欧米の日本研究における呼び方にしたがったものである。私は〈徳川日本〉という呼び方の良さを認めている。ところで多元的儒教の一構成体としての〈徳川儒教〉の研究を通して、私は〈徳川儒教〉そのものを日本に成立させた〈朱子学〉の普遍性を再発見している。だが私がその普遍性を再発見する〈朱子学〉とは、宮嶋のいう〈儒教パラダイム〉を構成するような朱子学ではない。それは普遍的な哲学的言説・知識体系としての朱子学である。

＊10　国際学術シンポ「東亜文化圏の形成と展開」の開催趣意書を含めて、この会議がもつ問題やその会議における「東亜」概念をめぐる私の発言については、私の「「東亜」概念と儒学」（『「アジア」はどう語れてきたか』収録、藤原書店、二〇〇三）を参照されたい。

＊11　昭和日本と「東亜」概念については、私の「昭和日本と「東亜」の概念」（『「アジア」はどう語られてきたか』所収）を参照されたい。

＊12　これはシンポ「東亜文化圏の形成と展開」をめぐって書いた私の論文「「東亜」概念と儒学」の結論部分の引用である。この論文は当初藤原書店の季刊誌『環』の二〇〇二年夏号に掲載された。

＊13　子安『「近代の超克」とは何か』（青土社、二〇〇八）、『日本人は中国をどう語ってきたか』（青土社、二〇一二）など。

＊14　講演「方法としてのアジア」は一九六〇年一月に国際基督教大学でなされた。

＊15　『思想史の対象と方法』所収、武田清子編、創元社、一九六一。引用文中の傍点は子安。

＊16　『日本とアジア』竹内好評論集・第三巻、筑摩書房、一九六六。

＊17　溝口雄三（一九三二～二〇一〇）は戦後日本の代表的中国学者（中国思想史）、その論説は中国の思想家たちにも影響を与えた。
＊18　溝口の「方法としての中国」については前掲『日本人は中国をどう語って来たか』第15章「現代中国の歴史的弁証論―溝口雄三『方法としての中国』『中国の衝撃』を読む」を参照されたい。
＊19　韓国学術協議会主催の講演会で行った私の講演「東アジアと普遍主義の可能性」（ソウル、二〇一四年一一月七日）をいっている。

第6章　ソウルで私はこう語った
——東アジアと普遍主義の可能性

1　〈東アジア〉は自明か

韓国学術協議会が主催する碩学招聘連続講座は「東アジア文明と普遍主義の可能性」という課題を掲げてきた。私もこの課題をあえて講演の主題として、自分なりの答えを出すことを試みた。この答えることの困難な問題を考えるにあたって、〈東アジア〉あるいは漢語でいう〈東亜〉とははたして自明な概念としてあるのかという問いをまず提起しておきたい。〈東亜〉とはわれわれがもともともってきた自明な地域的概念であるかのように人は思っている。だが果たしてそうか。試みに手近にあるやや古い辞書を見てみよう。それが少なくとも一九三〇年前の辞書であれば、そこに「東亜」の語を見出すことはない。たとえば『字源』（簡野道明著、一九二三）を見れば、そこには「東夷」の語はあっても「東亜」の語はない。ただ「東洋」の語はあり、そこには「亜細亜大陸の東の方の称、即ち我邦及び支那の汎称＝大東」という説明がある。これは漢学者にしては実にいい加減な説明である。「東洋」とは漢語で「東方の海洋」

をいうのであり、簡野がいう「東洋」とは二〇世紀近代に「東亜」とともに成立するような概念であろう。戦後の諸橋の『大漢和辞典』（一九五七）は、「東亜」をごく簡単に「亜細亜の東部、極東」としている。また岩波の『広辞苑』（第4版、1955）は、「アジア州の東部、すなわち中国・日本・朝鮮などの諸国の汎称」と説明している。これらは『字源』の「東洋」概念をそのまま「東亜」概念にしているようである。しかしそれにしてもこれら戦後の辞書における「東亜」概念の説明は、あたかもこの語にまとわりついている〈日本帝国〉の記憶を振り棄てるかのようである。

私は「東亜」も「東洋」も、二〇世紀日本のこの地域における〈帝国〉的成立と分かちがたい概念であると考えている。この〈東亜〉概念の成立の時期は、恐らく一九二〇年代のことであろうと私は思っている。私が「東亜」概念の近代的成立について最初に語ったのは、二〇〇〇年一一月に成均館大学で開催された「東アジア学国際学術会議」の講演においてである。*1 私は「東亜」の概念は、もともと中華帝国の〈帝国〉的支配に遠近・強弱の違いをもちながらも包摂されている地域、すなわち実質的に「中国文化圏」とみなされる地域をその〈周縁〉から「東亜文化圏」ととらえ直すことから成立してくる概念ではないかといった。近代史における中国から日本へのこの地域における〈中心〉の移動が、日本に〈東亜〉概念を成立させたのだと私は見ている。そのとき「中国文化圏」は「東亜文化圏」となるのである。〈中心〉の移動とはその地域を包摂する〈帝国〉の移動である。やがて〈帝国〉日本が〈東亜共同体〉を提唱することになる。

〈東亜〉概念には〈帝国〉の記憶がつきまとっている。われわれがいま〈東アジア〉をいうとき、〈帝国〉の記憶から切れた、新しい〈東アジア〉がはたして見出されているのだろうか。

2　方法的概念としての〈東アジア〉

この世紀に入って間もない時期、二〇〇二年六月に台北の台湾大学で「東亜文化圏の形成と展開」という国際学術シンポジウムが開催された。中国はもとより東アジアの各国・各地域から多くの学者・研究者がこの会議に参加した。「東亜文化圏」というタイトル通りに、参加者はたしかに東アジアの各地から参集した人びとであった。だがそのタイトルにおける「東亜文化圏」とは「中国文化圏」にほかならないことをシンポの開催趣意書はいっていたのである。すなわち中国本土を中心として、韓国・日本・ベトナムなどを包括する東亜世界とは、中国文化を主要成分としていること、したがって「東亜文化圏」とは「中国文化圏」にほかならないと趣意書はいっているのである。「隋唐の中国統一は歴史を劃する意義をもっている。ここにはじめて中国文化圏が形成され、一元化された東亜世界が出現するのである」と趣意書は中国文化圏としての東亜世界の形成過程をいっている。*2 とするならば、もともと「中国文化圏」にほかならないものをなぜ「東亜文化圏」として、その「形成と展開」をめぐるシンポジウムを東アジアの各地から学者たちを台湾に集めて開こうとするのか。これは台湾を代理人とした「中国文化圏」再形成のための国際会議であるのか。

「東亜世界は中国文化をその実質的な主成分とする」とあの開催趣意書がいうように、〈東アジア〉をある実体をともなった概念とみるかぎり、「東亜文化圏」とは「中国文化圏」であり、それをせいぜい広域化していうにすぎないことになる。しかもこの広域的文化圏が〈中心─周縁〉という関係構造をもつてとらえられるかぎり、この広域圏は中国の〈帝国〉的世界に重なってくる。そこから「中国文化圏」を実質とした「東亜文化圏」の新たな提唱は、東アジアの〈中華帝国〉的な文化的統合をいうのではないのかといった疑いを生じさせることになる。

私はこの「東亜文化圏の形成と展開」のシンポで〈東アジア〉を実体概念とするのではなく、方法的概念とすることを提案した。〈東アジア〉を実体的にとらえるかぎり、たとえ中国的中心の周縁に文化の多様体を見出しても、それらは文化的中心に対する周縁的多様体として、文化一元的〈帝国〉に包摂されざるをえない。この〈帝国〉における政治的、文化的支配の構造を私は〈一元的多様体〉というのである。〈東アジア〉を実体的な概念とするかぎり、この東方の世界に〈一元的多様体〉としての〈帝国〉的支配の構造は免れがたく存続し、あるいは再生してくると思われる。私はそれゆえ〈東アジア〉を実体的な概念とせずに方法的概念とすることを提起したのである。

〈東アジア〉を方法的概念にするということは、〈東アジア〉の脱〈帝国〉化の遂行を意味している。長い歴史を通じて〈中華帝国的世界〉としてその実質も、その範囲をも規定されてきた〈東亜〉から、そして近代の〈日本帝国〉によって帝国主義的に再構成された〈東亜〉から、その脱〈帝国〉的解体によって、新たな〈東アジア〉概念を導くことである。その〈東アジア〉概念とは、〈一元多様体〉的構造としての〈帝国〉的世界を超えた新たな〈東アジア〉的世界を指し示すものでなければならない。

3 「方法としてのアジア」再考

私が方法的概念として〈東アジア〉をいおうとするとき、私のこのとらえ方は当然、竹内好のいう「方法としてのアジア」を前提にしている。竹内と彼のいう「方法としてのアジア」についてては、すでに私は何度か論じている。[*3] だがくりかえしだという譏りを承知の上で、あえてもう一度、竹内のいう「方法としてのアジア」を考えてみたい。日本のわれわれが〈アジア問題〉を考える際に、現在でもなお依拠しうる発言は竹内のそれだけだということは、戦後日本における〈アジア問題〉をめぐる思考の貧困をいうものでしかないだろう。私もなお竹内の発言の再考としてこの論を進めるしかない。

竹内がいう〈方法〉とは〈実体〉に対するものである。彼は一九六〇年の講演でこういっている。[*4]「東洋の力が西洋の生み出した普遍的な価値をより高めるために西洋を変革する、これが今の東対西という問題点になっている。…その巻き返す時に、自分の中に独自なものがなければならない。それは何かというと、おそらくそういうものが実体として、あるとは思わない。

しかし方法としてはありうるのではないか。」（「方法としてのアジア」[*5]）。彼はここで「方法として」ということ以上に何もいっていない。しかも竹内は「方法として」をはっきりと「実体として」に対していっているのである。後に竹内はこの講演を彼の評論集[*6]に収録するに当たってこの箇所に補筆している。すなわち「方法としては」の後に「つまり主体形成の過程としては」という言葉を補っている。

だがこの補正によって「方法として」の意味はより鮮明にされたというよりは、むしろ誤読を読み手に生じさせることになったように私には思われる。竹内の言説の積極的な読み手たちが、この補正によって竹内の発言を、アジア的変革を担う民族的主体の形成を通じてのヨーロッパ近代とその〈普遍的価値〉の練り直し的再生をいうものと解するならば、それは竹内が「方法としてのアジア」といったことと微妙に違う、新たな価値的な〈実体としてのアジア〉の形成をいうことになってしまう。すなわちアジア的主体による近代ヨーロッパの超克の方式になってしまうだろう。そうなると竹内の「方法としてのアジア」とは、欧米的〈普遍的価値〉に対して「社会主義的核心的価値[*7]」をいう現代中国の党＝国家的戦略と同じものになってしまう。これはまさしく日本の中国学者溝口雄三がいう「方法としての中国」である。

溝口もまた竹内の「方法としてのアジア」にならって「方法としての中国」をいった。だが溝口の「方法としての中国」とは、世界認識、歴史認識の基準としてのヨーロッパ的世界史を読み直す方法としての中国的近代の独自性の認識を意味している。したがって溝口の〈（認識）方法としての中国〉は〈実体〉としての独自的近代化（現代化）を遂げる〈中国〉、すなわち〈社会主義中国〉を読み出すことになってしまうのである。それゆえ私は竹内のテーゼへの民族的主体の読み入れと、溝口のいう「方法としての中国」とは同じだというのである。

竹内がいう「方法としてのアジア」とは、ヨーロッパ近代が生み出しながら、その輝きを失わせてしまっている〈普遍的価値〉をアジアによって包みかえし、その輝きを再びとりもどすことはアジアにできるのではないか、そのアジアとは〈方法として〉のアジアだということである。ここで確認しておかねばならないのは、竹内の「方法としてのアジア」論に前提されている歴史（世界史）認識である。すなわち、アジアは近代の〈普遍的価値〉を共有する世界史的過程に、一八四〇年以降、軍事力による強制という仕方によったにせよ、参入したという歴史（世界史）認識である。だがアジアのこの世界史への参入の過程はアジアにとっては従属化、あるいは植民地化という〈負〉の歴史過程であった。アジアにとって〈負〉の歴史過程である世界史の過程は、ヨーロッパの生み出した自由・人権・平等といった〈普遍的価値〉を泥まみれにさせていった過程だと竹内はいうのである。その失われた輝きをもう一度輝かせることができるとすれば、それは〈負〉の過程を余儀なくされた〈アジア〉によってだと彼はいうのである。だがそのアジアとは〈実体〉としてではない、〈方法〉としてだと竹内はいうのである。すなわち、アジアがヨーロッパへの対抗的な〈価値的実体〉として独自的な〈アジア〉を再構成することによってではないというのである。〈負〉の歴史過程をたどることを余儀なくされたアジアが、そのアジアであることによって、輝きを失った〈人類的価値〉をもう一度輝かせることと、そのことによって世界史の上に普遍的アジアの刻印をおすことができるアジアになることである。私はここで具体的に〈日本〉について語ろう。

一九世紀後半に同じく西洋の軍事的強制によって近代化過程に入った日本は、二〇世紀に入ると先進帝国主義国家と同列の位置を獲得していった。しかし竹内が「ドレイ的日本」と侮蔑の言葉でいったこの近代日本は、アジアにおける加害者になることで近代化の〈負〉の帰結を見出さざるをえなかったのである。戦後日本はこの歴史的な〈負〉の遺産を自ら負うことで再出発したはずである。非軍事的な平和主義的国家日本であることは、歴史的な〈負〉の遺産を負いながら日本が、世界史にプラスの価値印しを捺しうる日本になる唯一の道であった。だがこの世紀に入って新自由主義的な構造改革を唱える歴史修正主義者小泉による政権が成立し、さらにその後継者である正真正銘の歴史修正主義者安倍による政権が成立して、この戦後日本の戦争責任を自覚したものの道のあからさまな変更が告げられ、その変更が遂げられようとしている。彼らが歴史修正主義者であるのは、近代日本がアジアの加害者となることで歴史に残した〈負〉の遺産を負うことを拒否することにある。だがこのことをいいながら私がここで強調したいのは、この歴史修正主義的政権をもちながらも、現代日本の市民は実に粘り強く戦後日本の平和主義的な国家原則を抵抗的に持ち続けているということである。日本の市民たちにおけるこの原則の抵抗的な保持が、自民党政権によるあからさまな軍事的国家への改憲的変更の企図を挫折させているのである。これこそが歴史における〈負〉の遺産を自己責任的に負いながら日本がそのような日本であることを通じて〈人類的価値〉につながっていく唯一の道、すなわち〈方法として〉の〈日本〉であることであろう。

〈方法としてのアジア〉についてもう一ついうべきことは、その〈アジア〉とは〈実体的アジア〉を対抗的に構想し、構成することを否定していることである。既成の〈東アジア〉あるいは〈東亜〉という語には、すでにいうように新旧の〈帝国〉の記憶が刻みつけられている。〈実体としてのアジア〉は、この〈帝国〉の記憶と離れがたいものとしてある。だからこそ竹内は〈実体〉としてのアジアをいうことを斥けて、〈方法〉としてのアジアをいおうとするのである。私はそこに竹内における〈帝国〉の脱構築的志向を読むのである。〈帝国〉とは〈中心―周縁〉的関係をもって構成される政治的、文化的な広域支配の体系である。この〈帝国〉は広大ではあるが一元的に包括された多様体的な体系としてある。これを〈一元的多様体〉と私は呼んだ。脱〈帝国〉的志向をもつ〈方法としてのアジア〉が、それゆえ〈アジア〉として見出すのは開放系としての〈多元的世界＝アジア〉である。竹内がいう〈方法としてのアジア〉とは、〈アジア〉が〈アジア〉であることによって〈普遍的価値〉を高めていく道であった。そして竹内の〈方法としてのアジア〉が指示するのは〈多元的なアジア〉であるならば、〈方法としてのアジア〉とは、アジアの多元的な世界が、その多元性を通じて人類の普遍的価値を充実させ、輝かせていく道だということである。

私たちが〈東アジア〉をいうことは一元的〈帝国〉の仮装であってはならない。したがって〈東アジア儒教〉をいうことは、一元的な〈帝国的儒教〉の仮装であってはならないのである。〈東アジア儒教〉をいうことは東アジアの〈多元的儒教世界〉を開いていくことでなければならない。私は徳川儒教がコピーでも、まがい物でもないことを知っている。私は徳川儒教の豊穣な成果の認識を通じて、これを成立せしめた朱子学の普遍的意味を再発見している。と同時にこの朱子学の脱構築を通じて仁斎古学が再発見する『論語』の世界に、孔子の原初的な人間への問いがもつ人類的な意味を私は再発見している。

「東アジアと普遍主義の可能性」という課題へのいまできる私の回答は以上の通りである。

(二〇一四年一一月七日)

[注]

＊1　ソウルにおけるこの会議とそこでの私の講演については、「昭和日本と「東亜」の概念」(『「アジア」はどう語られてきたか』所収、藤原書店、二〇〇三)に詳しく書いている。

＊2　国際学術シンポ「東亜文化圏の形成と展開」の開催趣意書を含めて、この会議がもつ問題やその会議における私の発言については、私の「「東亜」概念と儒学」(前掲『「アジア」はどう語られてきたか』所収)を参照されたい。

＊3　子安『「近代の超克」とは何か』(青土社、二〇〇八)、『日本人は中国をどう語ってきたか』(青土社、二〇一二)など。

＊4　「方法としてのアジア」は一九六〇年一月に国際基督教大学アジア文化研究委員会でなされた講演である。

＊5　『思想史の対象と方法』所収、武田清子編、創元社、一九六一、引用文中の傍点は子安。

＊6　『日本とアジア』竹内好評論集・第3巻、筑摩書房、一九六八。

＊7　現代中国では「富強・民主・文明・和諧・自由・平等・公正・法治・愛国・敬業・誠信・友善」の一二の語が「社会主義核心的価値」としていたるところに宣伝的に掲示されているという。

第7章　ソウルからの問いに答えて

——東アジアの市民的連帯を求めて

姜相圭先生　難しい問題をめぐってご質問を頂き有り難うございます。頂きました七つの質問はいずれも現代世界の東アジアをめぐる状況から発する一つの問題であることは、先生もまたご推察のことと存じます。したがってこれらの質問の一つ一つに、しかも簡潔に答えることは難しく、かりに無理をして答えたとすれば、それは誤解を与えるものになってしまうことを懼れます。韓日関係がきわめて微妙な時期に、誤解を与えるような舌足らずの発言をすることを私は望みません。そこで私は先生のご質問を前提にしながら、一つの文章としてお答えしようと思いました。だが実際には先生のご質問に基本的にしたがい、文節を切りながら書いていくことになりました。危機に満ちた「東アジア問題」に、その危機を増幅させることなく私の考えを伝えるにはどのようにすべきか、ひたすらそのことを考えながら書いていきました。

「東アジア問題を今どう考えるのか」

(1)　私はグローバル資本主義という現代世界のあり方は、転換すべき最終的段階にいたっているという多くの識者の認識を共有しています。これがたとえば「東アジア問題」を考えるときのマクロなレベルにおける私の認識・判断の最大の前提です。グローバル資本主義は一国的資本主義を超えて世界の地域的統合化、すなわち〈帝国〉的再分割を進めています。アメリカとEUと、そして旧社会主義国であるロシヤ、さらになお社会主義国を自称している中国がグローバル資本主義世界における〈帝国〉として存立してきているのが、二一世紀的世界の現状です。それが東アジア世界の現状でもあると私は考えています。

(2)　グローバル資本主義が転換すべき最終段階であるということの最大の理由は、世界大で経済格差と社会分裂をもたらし、それをたえず拡大し、深化させていることにあります。人間の共同的生存条件を世界規模で失わせているからです。この社会分裂は国家的統合の危機でもあります。この国家的統合の危機はいつでも民族主義（ナショナリズム）を呼び起こすことになります。グローバル資本主義的世界で経済的躍進を遂げていった中国を始めとする東アジアの諸国が、二一世紀の一〇年代に入って激しい民族主義的な抗争関係をとるにいたったことを、私はグローバル資本主義がもたらした国内的危機の深化と無縁に見ることはできません。

(3)　二一世紀に入ってからの現在にいたる日中、日韓間の民族主義的抗争関係は、それ以前の〈歴史認識問題〉をめぐる政治的緊張関係とは異質だと私は見ています。領土をめぐる国際的政治・外交問題が民族主義的抗争問題になっていくのは、むしろ国内的要因にあるということは二〇世紀の戦争史に照らしても明らかです。いま東アジアが民族主義的緊張関係を作り出しているのは、それだけ国内的危機は深く、社会分裂の度合いは大きいということを意味します。

(4)　たしかに日本で安倍という歴史修正主義的な政治家の再登場をゆるした理由も、永続する経済不況と東北大地震と福島原発事故がもたらした深刻な社会的危機にあります。それとともに東アジアの緊張的国際環境が政権担当者としての安倍の再登場を促したことも事実です。この安倍首相の再登場と現在にいたるまで政治的リーダーとしてのその存立を許していることは、野党の事実上の解体という日本の戦後政治のツケであるとともに、原発体制と軍国化に反対する市民運動がまだ政局を転換させるだけの力を質と量とにおいて残念ながらもっていないことによります。それとともに私があえてここでいいたいのは次のことです。

(5)　いわゆる〈歴史認識問題〉をめぐる対日批判が民族主義的色彩をますます濃くしていることです。すでに〈歴史認識問題〉をこえた民族主義的な問題になってしまっているように思われます。このことがわれわれにとって不幸であるのは、一方では〈歴史認識問題〉再浮上の火付け人というべき歴史修正主義者安倍首相の立場を対抗民族主義的に支えてしまっていることです。そしてまた他方では日本政府の対応に批判的な私たちの発言を国内の民族主義的圧力が抑えてしまっていることです。これは非常に不幸なことです。東アジアの民族主義的対立という現状をだれがいったい望んだのでしょうか。国内危機を国際危機に転化させた国家権力の担い手たちでしょうか。いまこれをほくそ笑んでいるのは戦争神《マルス》だと私は思います。

(6) 私は今年の四月、〈靖国参拝問題〉をめぐる韓国通信社からの問い合わせに、もし安倍首相が靖国参拝をしたら、それを民族主義的レベルでとらえることをせずに、人類史的犯罪行為として抗議すべきだと答えました。ことに東アジアの隣人たちに与えた文字にも数字にもし難い加害にもかかわらず、なお日本首相がかつての戦争国家日本の祭祀施設に参拝することは人類史的犯罪です。こうした人類的抗議を通じてはじめて東アジアにおける〈靖国問題〉をめぐる市民運動的連帯を作り出すことができるでしょう。私たちが求めているのは民族主義的対立ではない、アジア市民としての連帯です。

(7) アジア市民の連帯は人類的、人類史的な普遍主義の立場において始めて可能でしょう。私が最初にいったように、グローバル資本主義の転換すべき最終段階としての現代世界は人類的危機をあらゆるところに、戦争や原発問題だけではなく、われわれの社会生活から生活基盤にいたるあらゆるところに問題を顕在化させています。この危機が民族国家をこえたアジア市民・生活者の連帯を呼んでいるのだし、この連帯こそが危機的現代世界の転換をもたらす力にもなるはずです。

(8) 具体的には日本国憲法の平和主義的原則の理想と現実について韓日の学生たちが共同討議することがあってもいいのではないでしょうか。その際、韓国の徴兵制の実際について日本の学生が知り、ともに考えることができればきわめて有益だろうと思います。それと原発問題は本質的に地球的問題であり、原発的エネルギー体制として国際的体制の問題であり、これが一国的問題としてあるかぎり、その停止も廃絶も不可能であると思われます。東アジアの生活者のレベルでの問題の共有と廃絶に向けての運動の連帯が緊急に求められていることです。

(9)　最後に東アジアの儒教をめぐる問題ですが、私が今回の招聘講座でのべようとする大事な点は、〈東アジア〉を実体としてではなく、方法として考えようということです。〈東アジア〉を〈儒教文化圏〉として見ることは、〈東アジア〉を実体的に見ることです。この実体としてとらえられた儒教とは、中華帝国という礼教的体制を支えてきた道徳・政治的教説です。ですからいま〈東アジア儒教〉をいうことは、現実に登場しつつある中華〈帝国〉への再包摂を意味することでしかないと私は考えています。〈東アジア〉を方法として考えるということは、〈東アジア〉をわれわれが創っていく〈東アジア〉として考えるということです。〈東アジア〉をわれわれの連帯によるアジア市民共同の生活世界として創っていくことです。

(10)　思想史研究者としての私は〈帝国〉の体制的イデオロギーとしての儒教を解体しながら、『論語』における孔子の原初的発言に普遍的な人類史的意味を読み出す作業を続けています。「原初的」ということは、たとえば人間が「学ぶ」ということの意義とその喜びを孔子は初めて語ったということです。

（二〇一四年一〇月三〇日）

［付記］ 韓国学術協議会の招聘講座での講義・講演に先立って「朝鮮日報」にインタビュー記

事の掲載が求められた。インタビューは日程上の都合で、姜相圭教授（韓国放送大学）の質問に書面で答える形でなされた。ここに掲載したものは私の回答の全文である。「朝鮮日報」紙に実際に掲載されたのは、安倍首相の靖国参拝問題をめぐる私の回答を主とした一部であった。全体の文脈から切り離された靖国問題をめぐる私の回答の掲載には、当然日本の国内から激しい非難が即座に巻き起こった。民族主義的非難の応酬は戦争神をほくそ笑ませるだけだという私の回答の主旨からすれば、「朝鮮日報」紙の記事の部分的掲載とそれが巻き起こした非難とは私にとってきわめて残念な事態であった。あらためてここに私の回答の全文を掲載したのは、私の靖国問題をめぐる発言を正しく全体的な文脈中で理解されることをねがってである。

第8章　「アジア」という抵抗線は可能か
――竹内好「方法としてのアジア」を再考する

「東アジア共同体」の構想が日本の大学の二一世紀的プロジェクトの課題にもなった時期、二〇〇八年という時期に私は、「それは果たしてアジアの住民にとって希望のプロジェクトであるのだろうか。それはただグローバル「帝国」に内包されたアジア住民の生活的悲惨と荒廃とを隠す「アジア的平和」の構想ではないのか」という問いを発し、「私たちは今、かつて「アジア」という抵抗線を引こうとした竹内好を読み直す必要がある」といった。私は台湾の交通大学の社会与文化研究所に招かれてした講義で、竹内「方法としてのアジア」の再読を試みた。これはその講義の記録である。講義は二〇〇八年四月八日に行われた。

1　竹内好の「60年講義」

「方法としてのアジア」というタイトルをもつ竹内好の講義は、国際基督教大学における思想史方法論をめぐる丸山眞男・大塚久雄らによる連続講義の一つとしてなされたものである。これは一九六一年一一月に刊行された『思想史の対象と方法』（武田清子編）に収録されている。[*1]竹内の講義がいつなされたのか。編者の武田清子が「過去二カ年近い間」の連続講義といっていることからすれば、竹内の講義は六〇年か、それをはさむ前後の時期になされたものであろう。私はそれを仮に「六〇年講義」と呼んでおく。竹内の「近代の超克」論を収録する『近代化と伝統』[*2]は五九年に刊行された。また竹内の「日本のアジア主義」という解説を付した『アジア主義』[*3]は六三年に刊行されている。それからすれば戦後日本の大きな転換点である六〇年という時期、竹内による昭和日本の反省的考察がなされていったその時期に、この「方法としてのアジア」という講義もなされたことになる。彼はここで学生たちを聞き手として、近代中国とそれに対比される近代日本についての見方を軸に、現在の思想的課題とその方法とを平易に語っている。そしてこの講義の末尾を竹内は「方法としてのアジア」をいうことで結び、その言葉を講義のタイトルにもしたのである。この「方法としてのアジア」という言葉によって、竹内とこの「六〇年講義」とは、やがて半世紀を経ようとするいま、そして「東アジア共同体」がうそぶかれ始めているいま、[*4]現代世界におけるアジアの視点をめぐる真剣な再考をわれわれに促すものとなっている。

竹内はこの講義で日本の近代化を問い直すことから始めている。もちろん日本近代化の問い直しとは、戦後における竹内の思想的主題であった。そしてこの主題への竹内的ともいうべき方法は、日本の近代化を中国の近代化との対比によって問い直すことにあった。先進的近代ヨーロッパとの距離と差異とによって日本近代を診断する近代主義に対して、竹内は中国の後進的近代との対比によって日本の近代化への道を問い直し、相対化するのである。この視点と方法こそ竹内に戦後日本の思想世界における独自な位置を与えたのである。竹内はこの講義で、一九一九年に日本を訪ね、そしてちょうど五・四運動の起こった中国をも体験したアメリカの哲学者デューイの日中比較論を引きながら語っている。五・四運動は日本の中国に対する帝国主義的要求に対する反発から起こった運動であり、この運動自体が日中両国における近代化過程のはるかな差異を示すものであった。日本はすでに帝国主義的国家として列強の一つになろうとしていた。中国は近代国家への苦難の道を歩み始めたばかりである。その中国でデューイは五・四運動に接して、新しい近代中国の芽生えを見出したのである。竹内はデューイの日中比較論を彼の言葉でこうまとめている。

「日本は、見かけは非常に近代化しているようであるけれども実はそうじゃない。あれは根がないものである。このままではおそらく日本は破滅するだろうと彼は予言しております。」

「当時の中国というものは、救いようがないもので、混乱してあのまま解体してしまうというふうに国際的に見られていた。その中において、学生が挺身して、自国の運命を担って立ち上がった。この青年の元気、そういうものを通して彼デューイは、中国文明の見かけの混乱の底に流れている本質を洞察した。世界において今後発言力をもつことを予見した。見かけは進んでいるが日本はもろい。いつ崩れるかわからない。中国の近代化は非常に内発的に、つまり自分自身の要求として出て来たものであるから強固なものであるということを当時言った。[*5]」

竹内はデューイによりながら彼自身の反語的な近代化論をのべているのである。そのみせかけの表面性によって日本の既成近代を否定し、その内発的自立性によって中国の未成の近代にほんものを竹内は見るのである。竹内はこのようにまず日中比較論的視点によって日本近代の問い直しを学生たちに提起する。この問題提起に対する質問に答える形で竹内は彼の日中比較論、日中近代化論を補足していき、最後にアジアからの近代化をめぐってあの「方法としてのアジア」を語ることでこの講義を結ぶのである。

2 「方法としてのアジア」

竹内はこの「六〇年講義」で日中近代化論をデューイの考え方をもってさらにこう補充している。たしかに竹内はそこでデューイの考え方として語るのだが、だがこれは竹内的に再構成されたデューイである。デューイにおける日中の比較が竹内的に再構成されると、次のような近代化の類型論的比較になる。

「近代化が日本の場合ですと、元の日本的なものの上にまばらに西洋文明が砂糖みたいに外をくるんでいる。中国はそうでなくて、デューイの考え方によれば、元の中国的なものというのは非常に強固なものであって崩れない。だから近代化にすぐ適応できない。ところが一旦それが入って来ると、中のものをこわして、中から自発的な力を生み出す。そこに質的な差が生ずるということです。中国は非常に表面は混乱しているけれども、西洋人の目から見た近代性という点ではるかに中国のほうが日本よりも本質的であるということを言っております。」

ヨーロッパの帝国主義的列強の後を追うようにして強国日本をアジアに現出させたこの日本近代の批判を竹内は、「魯迅的中国」を批判的な視座として構成しながら、戦後日本で展開させた[*6]。帝国日本の敗戦の現実を目の前にしながら、一方に人民中国の胎動をたしかに聞いていた戦後日本のわれわれにとって、竹内のこの言説展開は日本近代批判としての根柢性をもっていた。だがこの日本近代批判の言説が、中華人民共和国としてのたしかな存立を見ながら、やがて日中近代化比較論として類型構成的に語り直されていくとき、日本近代批判の根柢性はどこかに消えてしまう。日本のこの近代が歴史的に問われるのではなく、近代化の構造的な型が問われてくるのである。〈内発的〉であるのか、〈外発的〉であるのか。〈土着的〉であるのか、〈受容的〉であるのか。そして〈内発的〉である近代とはアジア的であり、〈外発的〉であるところではヨーロッパ的原理が支配するとされる。そこから「アジア的近代」というもう一つの近代の理念が生まれることになるのだ。竹内がこの「六〇年講義」で日中比較論を語ったとき、それがポスト竹内的というべき「アジア的近代」という言説をもたらすことを彼は予想しただろうか。

後進的アジアにおける〈内発的〉近代化という類型を構成するとき、この類型論的理論構成は自ずからこの近代化の基礎に何らかアジア的なもの、すなわちアジア的実体を要求することになる。竹内がそれを要求しているというのではない。この理論構成が自ずから要求するのである。だから竹内のこの講義を聞く聴衆から、アジア的なものに基礎を置く近代への問いが出てくるのは当然なのだ。ある質問者が戦後日本におけるアメリカ型の民主主義教育の破綻を指摘しながら、アジア的なものに基礎を置く教育の可能性を竹内に質（ただ）したとき、この質問者は竹内の近代化比較論をまっすぐに受けとめていたのである。だがこの質問から、「方法としてのアジア」という竹内の言葉が答えとして導かれることになるのだ。

竹内はこの質問に答えるに当たってまず人間的価値の共通性をいう。あの質問への竹内のこの答え方は重要である。この答え方は、彼がアジア的・ヨーロッパ的なものの実体化に向かうものではないことを明らかにしている。人間的価値も、文化的価値も共通である。近代社会が構成する自由や平等という価値理念もまた共通である。だがそれらは現実の人間にになわれて社会に浸透していく。近代とはヨーロッパがアジアを先進と後進、支配と従属という関係のなかに、軍事力をもって配置していった時代である。そのヨーロッパによってになわれた自由や平等という価値理念は変質する。支配するヨーロッパにとっては独善的な理念となり、従属するアジアにとっては強制され、与えられた理念となる。竹内の言葉でいえば、「自由とか平等とかいう文化価値が、西欧から浸透する過程で当然、……植民地侵略によって支えられていることによって、価値自体が弱くなっている」のである。この弱くなった価値をもう一度本来のものへと高めてやること、それができるのはアジアではないかと竹内はいうのである。

「西欧的な優れた文化価値を、より大規模に実現するために西洋をもう一度東洋によって包みかえす、逆に西洋自身をこちらから変革する、文化的な巻き返し、あるいは価値の上の巻き返しで、東洋の力が西洋の生み出した普遍的な価値をより高めるために西洋を変革する、これが今の東対西という問題点になっている。……その巻き返す時に、自分の中に独自なものがなければならない。それは何かというと、おそらくそういうものが実体としてあるとは思わない。しかし方法としてありうるのではないか。」[*7]

「方法としてのアジア」とは、竹内によってこのように提示された。その言葉は、ヨーロッパと等置されるこの近代に何らか「実体としてのアジア」を構成して対峙するのとは異なる、アジアからこの近代を包みかえし、変革していく道を示唆するものであった。だが竹内の継承者たちは、この言葉をそのようにはとらなかった。

3 「方法としての中国」

溝口雄三が『方法としての中国』[*8]のタイトルをもった書を公刊したのは一九八九年六月である。八九年の六月四日といえば天安門事件によって世界が記憶する日である。その前年八八年の秋に、私はやがて起きる事件を予感しながら北京にいた。私はそこで日本思想史の講義の傍ら、『「事件」としての徂徠学』[*9]の一部の章を書いていた。私はこの書によって思想史の方法的転換を遂げていった。溝口も「一〇年の動乱」という文革後の改革開放の中国、すばわち政治主義から経済主義へと国家の主導原理を大きく転換させた中国を目の前にして、中国研究の戦後的視点の決算の意味をこめて『方法としての中国』を書いた。竹内の「方法としてのアジア」を十分に意識して溝口は「方法としての中国」をいったのである。だが一九八九年に溝口がいう「方法」とは、一九六〇年に竹内がいった「方法」であったのか。

「中国を方法とするということは、世界を目的とするということである。思えば、これまでの—中国なき中国学はもはや論外として—中国「目的」的な中国学は、世界を方法として中国を見ようとするものであった。……世界が中国にとって方法であったのは、世界がヨーロッパでしかなかったということで、逆にいえば、だから世界は中国にとって方法たりえた。」

「中国を方法とする世界とは、中国を構成要素の一つとする、いいかえればヨーロッパをもその構成要素の一つとした多元的な世界である。」

これは溝口の『方法としての中国』から、それをタイトルとした章から引いたものである。溝口の文章は分かりにくい。その分かりにくい文章から、部分的に引いても、彼のいう「方法としての中国」が分かるわけはないが、しかし手がかりにはなるだろう。彼のいう「方法」とか「目的」というのは、認識における方法とか目的をいっているようである。ここでは中国学とか中国研究における中国認識のあり方が問われているのである。オリエンタリズムというヨーロッパからの中国認識、伝統的シナ学《シノロジー》を構成してきたような中国認識は、中国を目的として世界（ヨーロッパ）を方法とした認識であり、これを溝口は「目的としての中国」的認識というのである。世界の革命図式によって中国革命を裁断するマルクス主義的中国認識をも溝口は「目的としての中国」認識に含める。では「方法としての中国」とは何か。それは独自的中国を方法として世界（ヨーロッパ）を認識することだと溝口はいう。中国を中国に即して認識すること、すなわちヨーロッパ世界史の一元性に還元しえない独自的中国を認識することで、世界そのもののの多元的構成を明らかにすることが「方法としての中国」という世界認識のあり方だというのである。

これが私の読解する溝口の「方法としての中国」である。こう読解して気づくのは、これが京都学派高山岩男の『世界史の哲学』の焼き直しだということである。[*10] 高山が世界史の多元化を日本からいったことを、溝口は中国からいっているのである。このことは後にあらためてのべよう。いまは「方法としての中国」がポスト竹内的言説としてどのような意味をもつかを考えよう。溝口は竹内の「方法としてのアジア」を認識論的問題に限定するようにして「方法としての中国」という批判的視点を構成した。ここではヨーロッパが構成する世界史の普遍的基準にしたがってアジアの、ことに中国の歴史が裁断されることが問題であった。中国が近代であるかないかがヨーロッパ的価値基準によって決められることが問題であった。だから溝口においての中国の歴史的独自性をヨーロッパ的世界史を相対化する形で発見することが課題となるのである。さらにいえばヨーロッパ的近代を相対化するものとして中国の独自的近代を見出すことが溝口の課題となるのである。「方法としての中国」とは、中国的近代を見出す方法となるのである。

ドイツの竹内好シンポジウム（ハイデルベルク大学・二〇〇四）を受ける形で日本版の竹内シンポ[*11]が二〇〇六年に愛知大学で開催された。溝口はそこで「方法としての「中国独自の近代」——

明末清初から辛亥革命へ、歴史の軌跡を辿る」という報告をしている。彼はその報告で、「中国独自の近代」の型を見出すことが、竹内の正しい継承だとしてこういっている。

「中国の近代は、西欧型および西欧追随の日本型とは異なるタイプの、いわば第三の近代と言うべき固有の型をもつものである、というのが竹内の一貫した主張でした。それは西欧型をそのまま模倣した日本型とは異なり、中国民族の固有の文化に根ざすものである、と彼は考えます。[*12]」

溝口はこれを竹内のものとしていうが、しかしこれは竹内のものではない。溝口に継承され、彼によって再構成された竹内である。竹内自身はヨーロッパとアジアという二〇世紀がもった政治や文化、そしてわれわれの思考をも貫く「近代」という関係性のなかでアジアを考えるのであって、ヨーロッパへの対抗として実体的にアジアを考えようとするのではない。だが竹内の展開する〈内発性〉〈外発性〉による近代化の日中比較論は、彼自身の関係論的思考を越えて、「アジア的近代」あるいは「中国的近代」という実体化を導きかねないものであることは、私はさきにふれた。まさしく溝口は竹内によって「中国独自の近代」を構想し、記述してしまうのである。阿片戦争をもって中国の近代化過程の始まりを考える通説に反対しながら、溝口はこういっている。やや長いが溝口の「近代」の実体化的思考を端的に示すものとして、あえてここに引いておきたい。

「つまり、阿片戦争を近代の始まりとするコース以前に、一六から一七世紀の明末清初期に、中国には中国独自の歴史の展開が認められる、と言いたいのです。しかも、その展開はそれが受け取るにふさわしい注目を受け取っていない、と思われます。比喩的に言えば、王朝制の歴史は太い樹木の幹であり、一六から一七世紀に見られる変化がその幹の深部に発する変化であるのに対し、阿片戦争以後の変化は、見た目には騒然としているが実は変化は表層の一部にだけ見られるもの、と言うことができます。であるのに、後世に阿片戦争が注目を集めたのは、それが植民地化の危機を孕んでいて、知識人の救国の叫び声が異常に高かったためであって、実際は一六から一七世紀の変化のほうが波及範囲は広かった、と見ていいでしょう。竹内に従って言えば、阿片戦争以後の変化が外発的であるのに対し、明末清初のそれは内発的ということになりましょう。[*13]」

竹内も阿片戦争をもって中国における近代への時期を画する見方に反対し、五・四運動を中国の近代への転回点とする見方を主張する。溝口も引く竹内の主張とは、「「五・四」は、広汎な社会革命でもあると同時に、精神革命でもあった。……つまり、近代への転回点であった。……中国に近代を強制したのはヨーロッパであるが、その強制を、はねかえすことによって、中国は、逆に近代を自分のものとして発足した。ここに、日本の中国との近代化の方向の決定的な差があり、同時に、日本人が中国を理解しえなかった原因がある」[*14]というものである。ここで竹内が阿片戦争にではなく五・四運動に歴史の画期を見るのは、ヨーロッパ的日本（帝国主義的日本）に抵抗する中国の民族的エネルギーの最初の表出に自立的近代形成への大きな始まりの一歩を見るからである。この抵抗する中国の民族主義を離れて竹内は中国の近代化を、日本のそれに対峙させて語ることは決してない。ましてや「中国の独自的近代」を明末清初の一六、七世紀の中国社会に求めたりなどはしない。こうした溝口における「中国の独自的近代」といった実体化は、竹内の「方法としてのアジア」を認識論的に限定し、あるいは歪曲した「方法としての中国」という認識視角がもたらした結果である。

一九四八年に竹内は人民中国成立への胎動を聞きながら、「東洋は抵抗を持続することによって、ヨーロッパ的なものに媒介されながら、それを越えた非ヨーロッパ的なものを生み出しつつあるように見える」[*15]と書いた。これは未来への希望の言葉である。それから六〇年後の二〇〇七年に溝口は中華人民共和国の厳然たる世界的存立を背にして、「中国の独自的近代」こそ歴史の実像であり、「その実像を明かしたとき、西洋回路の近代枠組みは無効になります」[*16]と語るのである。だがこれはいったい何を語る言葉なのか。これはすでに十分に大国である中国の独自的存立を、さらに歴史にさかのぼって再確認することを求めているのか。それによってヨーロッパ的近代の枠組みの何が無効になるというのか。せいぜい既成世界は自らの枠組みを修正しながら、大国中国への対応に迫られるだけだろう。二一世紀的世界の現状はその通りではないか。だが結論を出すのは早すぎる。その前にあらためて「方法としての中国」論を近代の超克論として吟味してみる必要がある。

4　アジアからの超克とは

溝口の「方法としての中国」論は、近代認識の問題に限定されてはいるが、ヨーロッパの近代的価値基準による一元的な歴史支配から中国とその近代史を解放しようとする、ヨーロッパ的近代の超克論である。「中国の独自的近代」を証明することでヨーロッパ一元的世界史を解体し、多元的世界史をもたらそうとする「方法としての中国」論は、そのかぎり高山岩男らの「世界史の哲学」という「近代の超克」論の焼き直しである。なぜ焼き直しなのか。

京都学派の世界史の立場も東亜協同体論・東亜共栄圏論も日本を中核としたアジアからの超克論である。これらのヨーロッパ的近代の超克を志向する理論作業は、その主要部分に道義的国家日本とそれを指導的中核とした東亜協同体の構成作業をもつことになる。この作業自体がヨーロッパ的近代に対して日本的・アジア的近代、すなわちのり超えた近代を対比的に再構成していくのである。利益社会的ヨーロッパに対して共同社会的アジアが、功利的帝国主義的ヨーロッパに対して道義的八紘一宇的日本が対抗的に構成される。昭和一〇年代日本における文化系の諸学、すなわち歴史学、民族学、社会学、倫理学、哲学などはその課題にこの日本とアジアの理念的再構成作業を多かれ少なかれもっていた。[*17] それはヨーロッパ的近代を超克する日本的・アジア的主体を再構成する作業であった。アジア・日本からの近代の超克の志向は、超克主体であるアジア・日本を実体的にアジア的国家・共同体として再構成しようとする。その実体的アジア・日本によって既存のヨーロッパ一元的世界は多元的世界へと解放されるというのである。一九四〇年代日本の「近代の超克」論をこのように見れば、「方法としての中国」という超克論が戦時期日本の超克論の焼き直しだと私のいった意味も了解されるだろう。「方法としての中国」もまた実体としての「中国の独自的近代」を再構成しようとするのである。それによってヨーロッパ的近代という一元的価値基準を超えようとするのだ。しかしアジア的（日本的・中国的）実体を再構成してなされる「近代の超克」論はなぜ駄目なのか。なぜ私は竹内の「方法としてのアジア」によって実体的アジアを前提することも、それを結論として導くことをも否定しようとするのか。

京都学派の「世界史の哲学」とは、近代の超克論を歴史哲学的に表現していった昭和戦時期の言説である。著書『世界史の哲学』[*18] によって高山岩男はこの「世界史の哲学」の立場を代表する。彼は近世におけるヨーロッパの世界拡張によって一元的世界として成立したかの観を呈するにいたることをまずいう。それこそヨーロッパが普遍的世界史をいう理由でもある。近代世界とはヨーロッパの近代的原理の普遍性が主張される時代である。だがさきの第一次世界大戦はこのヨーロッパ的近代の終焉を告げるものであった。すなわち普遍的世界史の終わりを告げるものであったと高山はいうのである。ところが大戦後ヨーロッパ的世界秩序はアングロ・サクソン的秩序として継続されてきたのである。それは「近代世界の原理をそのまま延長」させたものである。それがヴェルサイユ体制である。一九三〇年にいたってこの体制への転換の要求が欧州大戦として現れた。この大戦こそ真に「近代に終焉を告げる戦争」である。この大戦の性格は、「我が日本を主導者とする大東亜戦では、極めて明白であつて、何らの疑義をも挟まない」と高山はいう。「大東亜戦争」とは、かくて「世界史の転換」と「新たな世界秩序」の建設という世界史的理念をもった戦争とされるのである。

「満洲事変、国際聯盟脱退、支那事変と、この世界史的意義を有する一聯の事件を貫く我が国の意志は、ヨーロッパの近代的原理に立脚する世界秩序への抗議に外ならなかった。昨年一二月八日、対米英宣戦と共に疾風迅雷の如く開始せられた大東亜戦によつて、旧き近代の世界秩序を打破し、新たな世界秩序を建設しようとする精神は、愈々本格的に姿を現し、これは今日の世界史の趨勢にもはや動かすべからざる決定的方向を与へるに至つた。」

「大東亜戦争」とはヨーロッパの近代的原理からなる既成世界秩序の転換をもたらすべき戦争である。この転換をもたらす戦いを遂行し、その戦いを通じて実現するのは道義的国家日本の指導する道義的連帯からなる東亜共栄圏である。まさしく「大東亜戦争」とは、「近代の超克」

の課題を負った世界観的な思想戦でもある。

竹内好が永久戦争という思想戦の論理を読み出した「世界史の哲学」者による「近代の超克」論を、再びここに長ながと引いたのは、これが「大東亜戦争」を弁証する修辞でしかないことを明かしておかねばならないからである。戦争を通じて超克さるべき近代とは、ほかならぬ戦争をする己れでもあることを、この超克論は終始隠蔽する。昭和戦時期の「近代の超克」論は、まぎれもなく帝国主義国家として近代を達成している日本を隠蔽することの上に作られる論理である。「支那事変」とは日本と日本人にとって己れの正体を隠蔽して演じ続けられねばならぬ戦争劇であった。「近代の超克」という言葉を歴史に刻印した『文学界』(一九四二年九、一〇月号)の座談会でも、「近代とは我々自身であり、近代の超克とは我々自身の超克である」[*19]といったのは下村寅太郎だけであった。世界列強の一として帝国主義戦争を遂行しているこの近代国家日本を隠蔽して展開される「近代の超克」論とは、それゆえ日本の戦争を弁証する論理にしかならないのだ。にもかかわらずなぜ「近代の超克」という言葉が、昭和一六年一二月八日の宣戦に感動する知識人をとらえ、その戦争に「近代の超克」の課題を与えていったのか。それは何よりもこれがヨーロッパに対するアジアという近代世界の地政学的な図式のなかで発語され、そのアジアの代表の地位を日本が偽装することによってであった。この欺瞞をいう竹内は、偽装日本に換えて抵抗するアジア(中国)を〈方法的＝思想的〉基底にして、ヨーロッパ近代の超克という思想戦の継承をいうのである。だが二一世紀の現代アジアにおいてこの思想戦は成立するのか。ここで溝口の「方法としての中国」という超克論にもどっていえば、「中国の独自的近代」をいうことはただ現代国家中国を弁証する修辞をしか構成しないのではないか。それはすでに世界を包括する現代資本主義の論理がその肥大した病理をもって深く犯してしまっている現代中国の現状をただ隠蔽するだけではないのか。

5 再び「方法としてのアジア」

われわれはもう一度、竹内による「方法としてのアジア」の提起にもどって考えよう。竹内は西洋近代がもっている自由や平等といったすぐれた文化価値を東洋から包みかえすことによって、その失われた輝きをもとに戻し、その価値をさらに高めることをいった。それは西洋を東洋から巻き返すことである。「その巻き返す時に、自分の中に独自なものがなければならない。それは何かというと、おそらくそういうものが実体としてあるとは思わない。しかし方法としてありうるのではないか」と竹内は「方法としてのアジア」を提起したのである。竹内がここで「方法としてのアジア」をいうのは、その文脈から見ても「実体としてのアジア」に対してであることは明かである。ヨーロッパを包み返すようなアジア的という価値的実体などはない。アジア的という実体はいつでも己れの幻想像として探し出され、作り出され、アジアの実像を隠蔽するのである。竹内は「実体としてのアジア」を構成し、それをもってヨーロッパを巻き返そうとする道を否定する。では「方法としてのアジア」とは、いかなるアジアからの巻き返しなのか。

竹内はこの「方法としてのアジア」を提起した「六〇年講義」を彼の評論集『日本とアジア』に収めるに当たって、いくらか加筆修正をした。この結語の箇所も、「その巻き返す時に、自分の中に独自なものがなければならない。しかし方法としては、つまり主体形成の過程としては、ありうるのではないかと思ったので、「方法としてのアジア」という題をつけたわけですが、それを明確に規定することは私にはできないのです」と改めている。やや説明的に補筆されている。だが彼自身もいうように、それでもってあの提起の意味がより明確になったわけではない。ただ「方法として」を「主体形成の過程として」といい換えるように補っていることは参考になる。竹内の戦後的論説の文脈から「方法としてのアジア」を考えれば、それは抵抗する自立的なアジアの立場からとらえ返すことによって、ヨーロッパ的近代がもっていた自由や平等といった価値も、その失われた輝きをとり戻すことができるというのだろう。だが自立的なアジアとは、抵抗する主体であっても、対抗する実体としてのアジア的民族主体《ネイション》でもアジア的独自国家《ステイト》でもない。実体的アジアが対抗的に措定されるとき、直ちにあの己れ自身の隠蔽が始まるのだ。そして超克をいう論理も、己れを弁証する欺瞞の修辞となってしまうだろう。竹内は抵抗するところにアジアがあるというのである。「方法としてのアジア」とは、竹内がした補筆を含めて考えれば、アジアという抵抗線を世界史の上に持続的に引いていく戦う過程をいうのであろう。

「方法としてのアジア」とは、竹内において、ヨーロッパ的近代を巻き返し、革新していくアジアからの持続的な思想戦である。

われわれは二一世紀のグローバル資本主義に包括される現代アジアにいる。ここでは開発という現代化が、社会の不均衡と自然の荒廃とを著しくする形で進められている。二〇世紀の昭和前期の日本はヨーロッパ的世界秩序に包括されるアジアから、その世界秩序の組み替えの要求を「東亜新秩序」の建設のための戦争として表現した。「東亜新秩序」の建設とは一五年戦争を遂行する日本の国家目標であり、戦争の理念であった。「世界史の哲学」者をはじめとする昭和の知識人はこの「東亞新秩序」建設の戦争に、「近代の超克」の課題を負う思想戦という性格を与えていったのである。日本の敗戦は、アジアにあってアジアではない日本が東亜の盟主を任じてきたことの欺瞞をあらわにした。この日本を「ドレイ的日本」として否定したのは竹内であった。その竹内によって「近代の超克」は「抵抗するアジア」を思想的基底にして、アジアからの持続的な思想戦として組み直された。それが「方法としてのアジア」である。竹内好は一九七七年になくなった。われわれは二一世紀の現在、この竹内が残していった「方法としてのアジア」を新たな戦いへの提起として受け取ろうとしている。

二〇〇八年の現在、「東アジア共同体」は日本の言説上にはっきりと姿を見せ始めた。だが日本から「東アジア共同体」をいうことは、いかなる意味でアジアの市民にとっての希望を語るものであるのか。一九三八年、「東亜協同体」を理論的に構成する日本知識人にまず想起されたのは岡倉天心の「アジアは一つ」であった。二〇〇八年の日本で再びこの岡倉の言葉が想起されて、「東アジア共同体」が公然と語られようとしている[*20]。一九三八年の「東亜新秩序」とは、日本の帝国主義戦争がもたらすアジアの悲惨をおおい隠す「日本的平和」の提案であった。二〇〇八年の「東アジア共同体」という日本からの「アジア的平和」の提案は何を隠そうとするのか。いうまでもなくそれは現代化が社会的不均衡と生活環境の荒廃とをいっそう深める形で進行している現代アジアの悲惨である。いま日本から提示される「東アジア共同体」とは、このアジアの悲惨を隠すだけではない。この悲惨を増幅させている己れ自身をも欺く希望の提示である。竹内ならこの偽りの希望の提示に否《ノン》をいうことにこそアジアはあるというだろう。二一世紀の現代における「方法としてのアジア」とは、人間の生存条件を全球的に破壊しながら、己れの文明への一元的同化を開発と戦争とによって進めていく現代世界の覇権的文明とそのシステムに、アジアから否《ノン》を持続的に突きつけ、その革新への意志をもち続けることである。アジアからの似非《えせ》文明の否定をいう竹内の言葉をここに引いておきたい。

「文明の否定を通しての文明の再建である。これがアジアの原理であり、この原理を把握したものがアジアである。……日本が西欧であるか、それともアジアであるかは、工業化の水準だけで決めるべきではない。より包括的な価値体系を自力で発見し、文明の虚偽化を遂行する能力があるか否かにかかっていると見るべきである。それが発見できればアジアの原理につながるし、発見できなければエセ文明と共に歩むほかない。[*21]」

しかしなぜアジアなのか。なぜアジアによる文明の否定と再建がいわれるのか。アジアはどのような意味でエセ文明の否定をいう資格をもちうるのか。これは私が最後に答えねばならない問題である。竹内がこの言葉を書いたとき、彼はまだ第三世界を構成しようとするアジア・ナショナリズムを見ることができた。それは創成期アジアがもった否定と創造の自立的運動であった。すでにそのようなナショナリズムを、現在のわれわれはアジアの背後に見ることはない。いまナショナリズムは、二一世紀のそれぞれの国家が負う世界体制的な危機と社会的共同性の喪失と国民の亀裂から生まれ、一時的に統合の幻想を己れに与える自己欺瞞の運動でしかない。もはやナショナリズムの再生によってアジアが再生するわけではない。だが間違ってはいけない。アジアの再生が目的ではないのだ。アジアを目的とするところから、「東アジア共同体」がでっち上げられてくるのである。「方法としてのアジア」とは、否《ノン》をいうアジアをエセ文明への抵抗線として引くことである。問題はその抵抗線にいかにしてアジアはなりうるかである。それは植民地・従属的アジアから自立的アジアへと転換させた創成アジアの意志を、殺し・殺される文明から共に生きる文明への転換の意志として再生させることによってである。だが日本にその抵抗線を引く資格はあるのか。それが最後の最後として残された問いである。私は戦争をしない国家としての戦後日本の自立こそ、わずかにこの抵抗線を引く資格をわれわれに与えるものだと答えたい。その非戦的国家への意志を、われわれは六〇年にアジアの自立的安全保障への意志として示したのである。竹内が「方法としてのアジア」を提起したのは、その六〇年であった。

［注］

＊1 『思想史の対象と方法』に収録された竹内の講義録「方法としてのアジア」は、加筆修正されて『日本とアジア』（竹内好評論集・第3巻、筑摩書房、一九六六。ちくま学芸文庫、一九九三）に収められた。

＊2 『近代化と伝統』（近代日本思想史講座・第7巻、筑摩書房、一九五九）。

＊3 『アジア主義』（現代日本思想大系・第9巻、筑摩書房、一九六三）。

＊4 私がちょうど本稿を執筆し始めたこのときに「国際アジア共同体学会」の代表である進藤栄一が朝日新聞紙上（〇八年一月二一日）で、「かつて（岡倉）天心が希求しながら手にできなかった東アジア共同体への胎動」が始まったことを記している。

＊5 『思想史の対象と方法』所収の「方法としてのアジア」による。傍点は子安。

＊6 「魯迅的中国」の視座からの日本近代化批判については、私の「ドレイ論的日本近代批判」（『現代思想』二〇〇七年一二月号）を参照されたい。

＊7 引用文中の傍点は子安。

＊8 溝口雄三『方法としての中国』東京大学出版会、一九八九。著者はこの書の「あとがき」に一九八九年四月二二日という日付を記している。それは天安門事件の以前である。

＊9 『「事件」としての徂徠学』青土社、一九九〇。この書を構成する諸章は、八八年四月からほぼ隔月に『現代思想』に10回にわたって連載された。

＊10　高山の『世界史の哲学』（岩波書店、一九四二）については、私の『「アジア」はどう語られてきたか』（藤原書店、二〇〇三）の第1章「「世界史」とアジアと日本」を参照されたい。
＊11　このシンポの報告集は『無根のナショナリズム―竹内好を再考する』として二〇〇七年に日本評論社から刊行されている。
＊12　溝口雄三「方法としての「中国独自の近代」―明末清初から辛亥革命へ、歴史の軌跡を辿る」、上掲『無根のナショナリズム―竹内好を再考する』所収。
＊13　引用文中の傍点は子安。
＊14　この竹内の文章は「胡適とデューイ」（竹内好評論集・第3巻『日本とアジア』所収）中のものである。引用の抄出も溝口にしたがっている。
＊15　これは竹内が「中国の近代と日本の近代」（一九四八）でいう言葉である。『日本とアジア』所収。
＊16　溝口・前掲「方法としての「中国独自の近代」―明末清初から辛亥革命へ、歴史の軌跡を辿る」。
＊17　私はこうした再構成作業の代表例を『日本ナショナリズムの解読』（白澤社、二〇〇七）で明らかにしている。
＊18　高山岩男『世界史の哲学』岩波書店、一九四二。また高山には『日本の課題と世界史』（弘文堂書房、一九四三）もある。
＊19　この言葉自体は座談会でのものではない。座談会記録が単行本『近代の超克』（創元社、一九四三）として出版されるに際して書かれた論文「近代の超克の方向」（同書所収）中のものである。
＊20　さきに注4に記した国際アジア共同体学会によってシンポジウム「東アジア共同体と岡倉天心―二一世紀アジアを展望する」が二〇〇八年二月二三日に開催された。
＊21　竹内「日本とアジア」（一九六一年六月）、『日本とアジア』所収。

第9章　戦後日本論——沖縄から見る

沖縄とはもともとの日本ではない。中国（清）と日本と政治的には等距離の関係をもっていた琉球が、日本の沖縄県になったのは一八七九年四月四日であった。沖縄は日本帝国の地理的だけではない、政治的にも辺境の位置を担い続けてきた。その沖縄は一九四五年から現在まで、米軍の極東における最重要な軍事拠点であり続けている。この沖縄を視点としての戦後日本の解読は、現在の「帝国」的世界の解読への換喩的な意味をもつであろう。中国本土に対する台湾の政治的位置をふまえながら、私はあえて日本にとっての沖縄問題を台湾で語ろうとした。台湾・交通大学社会与文化研究所での講義が行われたのは二〇〇八年四月九日である。

1　沖縄の三つの日付

沖縄にとって歴史上大きな意味をもった日付が三つある。それは六月二三日、四月二八日と五月一五日である。この三つの日付を抜きにしては沖縄の現代史は語れないと、本土からの修学旅行生のためのガイドブック『沖縄修学旅行』[*1]はいっている。

六月二三日とは、「沖縄戦が終わったとされる日である」。なぜわざわざ「終わったとされる日」というのか。一九四五年のその日は厳密にいえば、日本軍の牛島司令官が自決し、日本軍が組織的に壊滅した日であっても、沖縄戦が終わった日ではないからである。「これからは直属上官の指揮の下に最後の一兵まで戦え」という命令を残して勝手にさきに死んでしまったこの司令官の死後に、むしろほんとうの地獄ともいうべき最後の怖るべき日々が沖縄の人びとに待っていたのである。この最後の凄惨な地上戦に巻き込まれた人びとにとって戦いが終わった日は異なるのである。この戦いに巻き込まれて殺された日か、自決に追い込まれた日か、米軍の捕虜になった日か、戦いの止んだことを知った日か。沖縄戦の終わった日は人びとによって異なるのである。六月二三日とはとりあえず決められた終わりの日である。その日を沖縄の「慰霊の日」と定められた。八月一五日が本土の日本人のだれにとっても一様に終戦の日であるのと異なった終わりの日を沖縄の人びとは持たされたのである。この終わりの日のタイムラッグは何を意味するのか。なぜ本土の日本人と異なる終わりの日を沖縄の人びとは持たされたのか。

四月二八日とは、一九五二年四月二八日である。その日を本土からの歴史記述をもってすれば、「一九五二年四月二八日、講和条約の発効とともに日本は独立を回復した」（藤村道生『日本現代史』[*2]）となる。もっともそれに続けて著者は、「しかし、中・ソとの戦争状態がつづいていたから、講和は半講和であり、独立は半独立であった。独立と同時に発効した安保条約と行政協定は、新たに在日アメリカ軍と呼称を変更した占領軍が、日本全土に拡がって基地にひきつづき駐留することを承認していたから、国民の占領終結の実感は薄かった」と、講和が半講和であり、独立が半独立にすぎなかったことを付け加えていっている。だがこの日本現代史の記述は沖縄に触れていない。沖縄はこの日をもってアメリカの合法的な支配下に置かれることになったのである。アメリカの占領下にあった沖縄は、この日発効した対日平和条約の第三条によって、「行政、立法、および司法上の権力の全部および一部を行使する権利を有する」合衆国の支配下に入ったのである。『沖縄修学旅行』は、「四月二八日は、日本にとっては独立を回復した日であるが、沖縄にとっては、自らの意思を踏みにじられ、日本から切り捨てられた日である」と書くのである。だからその日は「屈辱の日」と呼ぶこともあるという。

第三の日付は一九七二年の五月一五日である。その日は、「沖縄が再び日本になった日である」と『沖縄修学旅行』は書いている。これは修学旅行生が注意しなければならない大事な日付である。沖縄を訪れる修学旅行生は、ここが一九四五年から四半世紀をこえる長い間、米軍の統治の下にあり、日本ではなかったことをこの日付によって知らなければならないのだ。米軍から選ばれた高等弁務官がすべての権限を握っていた沖縄では、住民を「銃剣とブルドーザー」で追い立てるようにして基地拡大が繰り返され、米軍絡みの事件が相次いで起こっていたのである。そしてこの沖縄の米軍基地から北ベトナムに向けてB52爆撃機は飛び立っていったのである。沖縄とは米軍の「基地の島」であったのである。そしていまもなお沖縄は「基地の島」である。

日本本土にとってもこの三つの日付は、ただ六月二三日を八月一五日に置き換えれば、現代史を区切る重要な日付であるだろう。沖縄の六月二三日と本土の八月一五日という戦いの終わりの日に、なぜこの時差があるのか。本土の人間の考えねばならない問題がそこにあることを私はすでにいった。四月二八日と五月一五日という二つの日付は、日本の国家的主権性の恢復にとってまさしく記念日とすべき日付であるだろう。だが沖縄にとってこの二つの日付は何であったのか。四月二八日とは沖縄にとって米軍統治下に放置された「屈辱の日」であった。五月一五日とは、日本における米軍基地の75パーセントの基地をなお負いながら沖縄が本土復帰を遂げた日であった。沖縄の返還交渉を進めた日本の首相佐藤栄作は、「沖縄の祖国復帰が実現しない限り、わが国にとって戦後は終わっていない」[*3]といった。だが一九七二年五月一五日の本土復帰をもって沖縄の戦後は果たして終わったのか。それは「基地の島」沖縄の新たな始まりに過ぎなかったのではないか。沖縄の人びとはこの日を何というのだろうか。おそらく「欺瞞の復帰記念日」というだろう。

2　戦争の死者たち

私が沖縄を知らねばならないと痛感したのは、決して古いことではない。むしろ最近のことである。それは恥ずかしいことだ。学生時代、反戦活動にかかわっていた私が沖縄の基地問題に無関心であったわけではない。さらに『ひめゆりの塔』[*4]は『きけわだつみの声』[*5]とともに、私の反戦活動を動機づけるものとしてあった。しかし私にとって沖縄はその範囲に止まっていたのである。沖縄の上に日本帝国の近現代史が無惨に刻みつけていったものが何であったのかを、私はそれ以上知ろうとはしなかった。帝国の内部者の視線を先天的・後天的に規定している認識の限界をこえることは難しいことである。人はどうしようもなくその限界の内側にあって自足してしまうのだ。私はこれを言い訳としていうのではない。自戒としていうのである。帝国の外部を見ることができないのは、自分が帝国の内部者、すなわち内部的自閉者であることを認めようとしないからである。日本人は歴史的に、朝鮮を認めようとはしてこなかった。私は朝鮮は日本人の死角であるといってきた。そして現代の日本人はただ「韓流」の韓国だけを見出しているのである。本土の日本人は歴史的に、琉球を認めなかった。「琉球処分」という日本政府の強制手段によって琉球は沖縄県となったのである。それは一八七九年のことである。八月一五日とは異なる六月二三日という終戦の日を沖縄がもち、沖縄がなお「基地の島」であり続ける理由は、歴史的にはここにある。その沖縄にいま本土日本人は「青い島」だけを見出しているのである。

私は五年前、元首相小泉純一郎による挑発的な靖国参拝に思想史家として抗議せねばならないと考えた。「国家神道の現在」の副題をもつ『国家と祭祀』[*6]はそのような動機から書かれたのである。『国家と祭祀』は日本帝国を支えた二つの国家神道的祭祀、すなわち伊勢神宮と靖国神社の祭祀をめぐる論を柱としている。伊勢神宮（内宮）は天皇の祖先神天照大神を祭神としている。天照大神は「皇祖」あるいは「天祖」と呼ばれる祭神である。それゆえ伊勢神宮は天皇制的祭祀国家[*7]として現出する近代国家日本にとって聖なる祭祀的中心をなしてきたのである。それに対して靖国神社の祭神は、日本帝国の軍事的な犠牲者、すなわち「英霊」と呼ばれる犠牲者である。靖国神社は日本帝国の永続的繁栄を見守る「護国の鬼神」として、明治以来の軍事的犠牲者を「英霊」として祀ってきたのである。戦前の靖国神社を主管してきたのは、したがって帝国の陸・海軍省であった。靖国神社とは、軍事国家日本の祭祀的中心であった。多くの日本人にとってここに説明してきた事実はすでに自明ではなくなっている。それらは変容され、あるいは隠されることで、戦後六〇年をこえる今日における伊勢神宮も靖国神社もあるのである。いま沖縄を考えようとする私たちにとって問題なのは、靖国神社とそこに祀られる「英霊」という死者たちである。

軍事国家日本の祭祀的中心であった靖国神社が、非戦的憲法をもつ戦後日本でなお首相の公式参拝を要請し、首相もまたその要請に応えようとするのはなぜなのか。小泉は靖国に参拝し、戦後日本の繁栄の礎となった戦争犠牲者を追悼し、平和を祈念するという。それは主権国家日本の首相として当然のことだと小泉はいう。だが彼はだれに向かって参拝しているのか。彼が参拝しているのは「英霊」と呼ばれる戦争犠牲者ではないか。それは「英霊」として区別された戦死者ではないか。日本帝国のかかわる戦争の現代史には「英霊」と呼ばれない数え切れない戦争犠牲者がいるのである。とすれば小泉の靖国参拝は、戦争犠牲者の選別行為をしていることになる。日章旗を付された戦死者たちに向かって小泉は参拝し、日本の平和と繁栄を祈願しているのである。ナショナリズムとは排他的に、自己を選別するイデオロギーである。そうだ、靖国参拝とは主権国家日本の首相としての当然の死者の選別行為であるのだ。国家によって数えられた戦死者は「英霊」として祀られる。数えられない戦争犠牲者、殺された無数の市民は放置される。このことに気づいたとき私の眼は沖縄に向かった。沖縄に触れることなくしては私の『国家と祭祀』は終わらないと思った。

3　沖縄と祀られない死者

私は『国家と祭祀』の最終章でこう書いている。私はここにあえてその文章を直接引用したい。この文章がなお人びとに訴えるものをもっていると信じるからである。

沖縄への修学旅行をしなければ私の戦後過程は終わらないと思ってきた。しかしなおそれは果たされずにいる。その果たされない沖縄旅行という穴を埋めてくれたのは『沖縄修学旅行』という案内書であった。この本は沖縄に修学旅行をしようとする高校生たちのために、沖縄の戦中・戦後史を重要な柱として編まれた沖縄案内記である。読むものにとってはつらい沖縄戦の記述を読み進めていくうちに私は覚らざるをえなかった。あれほど覚悟していた本土決戦がなぜ回避されたのか。当時小学校高学年であった私は死の恐怖とともに本土決戦が必ずあるものと予想していたのである。なぜ本土決戦は回避されたのか。沖縄が本土決戦に代わるものをより凄惨な形でしてしまったからである。「日本軍の組織的戦闘は終わったが、しかし司令官が自決し、しかも、生き残っている者は生きている限り最後まで戦えと言い残していったために、沖縄戦は終わりのない戦闘になってしまった。じっさい、沖縄の日本軍が嘉手納飛行場で正式に降伏調印するのは、日本が降伏した八月一五日から二十三日もたった九月七日のことであ」った。だがこの終わりのない戦闘に従わざるをえなかった日本軍よりも、はるかにむごい、残酷な運命に従ったのは沖縄の住民たちであった。

沖縄本島の攻撃に先立って米軍は慶良間《けらま》諸島を攻略した。沖縄戦での「極限の悲劇」ともいうべき事態がそこに現出した。肉親どうしが殺し合った住民の「集団自決」である。その犠牲者は七〇〇名にのぼったとされる。防衛庁の編集する戦史『沖縄方面陸軍作戦』にはこう書かれている。「小学生、婦女子までも戦闘に協力し、軍と一体となって父祖の地を守ろうとし、……戦闘員の煩累を断つため崇高な犠牲的精神により自らの生命を絶つものも生じた。」小木をもって殴打し、妻子を死に追いやらざるをえなかった父親の悲劇は「崇高な犠牲的精神」などという言葉でよびうるものではない。そんな虚偽的美辞を泥まみれにし、血まみれにして突き返すような死に沖縄は満ち満ちているのだ。沖縄県民の四人に一人が沖縄戦で死んだのである。この死は国家によって祀られない死である。この国家によって死に追いやられた死者、そして国家が決して祀ることのない死者は靖国をめぐる美辞麗句が虚偽でしかないことを教えている。戦う国家は祀る英霊とともに祀られない死者を国の内外に大量にもたらすのである。

この沖縄戦で戦没した日本軍の戦闘員は九四、一三六人である。そしてこの戦争で亡くなった沖縄の一般住民はそれとほぼ同数の九四、〇〇〇人である。なおアメリカ軍の沖縄戦による戦没者は一二、五二〇人である（「沖縄県援護課資料」による）。また靖国神社が「英霊」として祀る太平洋戦争の戦没者は二、一三三、八二三人である。この戦争において戦災で死亡した日本内地の一般住民は五〇万人とされる。外地で死亡した民間の日本人は三〇万人という。さらに文字通り無数のアジアの戦争犠牲者が中国大陸に、太平洋の島嶼にいる。

ここには一桁の数字まで数えられた死者と、数えられない死者とがいる。数えられた死者とは靖国に祀られる死者である。数えられない死者とは祀られない死者である。死者がみずから靖国に赴くのではない。死者を選別し、数え上げ、祀るのは国家である。一九四五年までは帝国の陸海軍省が死者選別の当事者であった。それ以後は厚生省がその業務を引き継いだ。戦犯の刑死者も病死者も、こうして靖国の祭神リストのうちに数え上げられていったのである。死者を選別するのは生者である。選別された死者を祀るのは国家である。生きつづける国家が死者を選別し、死者をまた見捨てるのである。もし私たちがこの死者を選別する国家のあり方を変えようとするのなら、この見捨てられた死者の側に立たねばならない。

4 われわれの分裂か

何度読んでも分からない加藤典洋の「ねじれ」論[*8]を、私はこの稿を書きながらまた読んでみた。彼は戦後日本のねじれ現象を、国民における平和憲法の受容のあり方に代表的に見ている。戦争放棄条項（第九条）をもつこのいわゆる平和憲法を敗戦国日本の国民はマッカーサーから与えられたのである。この与えられた憲法によって平和立国という戦後日本の国是を日本人は確立したのである。これを加藤は敗戦後日本のねじれという。だがなぜこれがねじれであるのかは、私が代弁する言葉によっては分からないだろう。私にもあまり分かっていないのだから。加藤の言葉によって見てみよう。

「要するに、いかなる戦力ももたない、「武力による威嚇又は武力の行使」を国際紛争解決の手段としてはどのようなことがあっても認めない、という条項が、原子爆弾という当時最大の「武力による威嚇」の下に押しつけられ、また、さしたる抵抗もなく、受けとられているのである。／わたしが戦後の原点にあると考える「ねじれ」の一つは、この憲法の手にされ方と、その内容の間の矛盾、自家撞着からくる。／しかし、それだけではない。

その矛盾が、指摘されない。というより、その矛盾、「ねじれ」の中にある「汚れ」がわたし達によって直視されず、わたし達においてまた、抑圧されてしまう。…しかし、わたし達はこれを「押しつけられ」、その後、この価値観を否定できない、と自分で感じるようになった。わたし達は説得された。しかし説得されただけではなくて、いわばその説得される主体ごと変わってしまったのだ。」

長々と加藤のいうところを引いたが、こう引くことによって彼の不可解なねじれを解く鍵をえたような気がする。彼のいうねじれはいわゆる平和憲法を押しつけられたものとみなすことからなっているようだ。原爆を最初に使用したアメリカ、人類的原罪を負う汚れた戦勝国アメリカによって敗戦国日本に押しつけられた非武装的平和主義の日本国憲法、ここに戦後日本のねじれの大本があると加藤はいうのである。「押しつけられ憲法」自体がもっているねじれは、敗戦国に押しつけられた非武装的平和主義をいつの間にか、自分のものであるかのようにしていった日本人の国民意識のねじれとして内在化される。加藤はもっぱらこの後者のねじれ、すなわち戦後日本人の意識・心理のねじれを問題にするのである。

戦後日本人の意識のねじれは二重人格的なわれわれの分裂をもたらしていると加藤はいう。戦後憲法の平和主義的理念を己れのものとして日本に根づかせようとする護憲派のわれわれがいる。一方、憲法が押しつけられたものという事実を重視し、自分の憲法を制定すべしという改憲派のわれわれがいる。「簡単にいうなら、日本の社会で改憲派と護憲派、保守と革新という対立をささえているのは、いわばジキル氏とハイド氏といったそれぞれ分裂した人格の片われの表現態にほかならない」。戦後日本は分裂したわれわれからなっていると加藤はいうのである。これは戦争の死者追悼をめぐるねじれ、あるいは分裂でもある。日本はまず二〇〇〇万のアジアの死者に謝罪すべきであると護憲派の平和主義者は主張する。それに対して、三〇〇万の自国の死者、特に兵士として逝った死者たちへの自分たちの哀悼がまずなされねばならないと、自主的改憲派、あるいは靖国派は主張する。もちろん私はここで加藤によって簡略化された対立図式にしたがってわれわれの分裂を記しているのである。加藤がいう言葉をもここに引いておこう。

「日本の護憲派、平和主義者は、戦争の死者を弔うという時、まず戦争で死んだ「無辜の死者」を先に立てる。その中身は、肉親であり、原爆など戦災の死者であり、二千万のアジアの死者であり、そこに、侵略者である「汚れ」た死者は、位置を与えられていない。ここで三百万の自国の死者はいわば日陰者の位置におかれるので、あの靖国問題は、このことの正確な陰画、この「空白」を埋めるべく三百万の自国の死者を「清い」存在（英霊）として弔おうという内向きの自己、ハイド氏の企てなのである。」

私はさきに「祀られる死者（数えられる死者）と祀られない死者（数えられない死者）」がいるといった。だが戦争の犠牲者にこの二種の札を付けた死者があるわけではない。死者を選別するのは、あくまで生者である。祀る死者として選別し、数え上げるのは国家である。それは決してわれわれではない。「祀られる死者と祀られない死者」という二様の死者に対応する分裂が、われわれの間にあるのではない。もし分裂があるとすれば、死者を選別しようとする国家とその選別を拒絶するわれわれとの間にあるのである。加藤の「ねじれ」論の不可解さは、ねじれや分裂をわれわれのものとしてしまうことに由来する。ねじれや分裂をわれわれのものとする加藤のいうわれわれとは、国家と同一化した「われわれ国民」である。加藤の「ねじれ」論とは、間違いなくナショナリストのものである。だから加藤ではこのねじれを正すこと、すなわちナショナリズムの筋を通すこと、われわれの国家日本の筋を通すことが求められるのである。「三百万の自国の死者への哀悼をつうじて二千万の死者への謝罪へといたる道が編み出されなければ、わたし達にこの「ねじれ」から回復する方途はない、と考える。」

われわれにおけるねじれの解消とは、自他の死者の選別を前提にしてナショナリズムの筋を通すことである。「二千万」というアジアの死者は、数えられない、無数の見捨てられた死者たちを意味している。だが加藤がここでいう「三百万の自国の死者」とは何か。これはいかなる死者を含んだ数をいうのか。なぜ「三百万」なのか。加藤はさきに引いた文中で、「三百万の自国の死者を「清い」存在（英霊）として弔おうという内向きの自己」といういい方をしている。そしてこの「三百万の自国の死者」を靖国問題との関連で彼はいっている。「三百万」の死者とは加藤において「英霊」である。だが誤魔化してはいけない。「英霊」とは一桁の数字まで国家によって数えられた戦死者をいうのである。では加藤のいう「三百万」とは何なのか。アジアの見捨てられた死者「二千万」に対抗して、護憲派・反靖国派によって見捨てられた死者を「三百万」というあいまいな厖大さでいおうとしているのか。加藤は護憲派や平和主義者がまず弔う死者とは「無辜の死者」であるとして、それは「肉親であり、原爆など戦災の死者であり、二千万のアジアの死者」であるといっていた。そして護憲派が弔う「清い」無辜の死者から、「汚れた」侵略者である自国の戦死者は除外されるというねじれを加藤は非難していた。とすればこの「三百万」の死者には、日本本土の見捨てられた無辜の死者たちは含まれていないのだ。ましてやこの「三百万」は日本本土からも見捨てられた沖縄の死者たちを含むものではない。われわれにおけるねじれを解消すること、すなわちナショナリズムの筋を通すこととは、死者を選別する国家の筋を通すことに他ならない。この「われわれ」とは、死者を選別する国家と同一化したわれわれである。この「われわれ」は国家とともに死者を選別する。

　では国家によって数えられない無数の死者の側に立とうとするわれわれとはいかなるわれわれか。私たちはここでもう一度「五月一五日」という日付にもどろう。

5　国家の筋を通すこと

一九七二年五月一五日、沖縄返還協定が発効し、米軍の統治下にあった沖縄は四半世紀ぶりに本土に復帰し、沖縄県となった。沖縄返還が日米間で合意され、「核抜き本土並み」による七二年中の返還が公表されたのは、六九年の一一月であった。「本土並み」とは日米安全保障条約の下で維持・運用される本土の米軍基地並みということである。「本土並み」であることは、「持たず」「作らず」「持ち込ませず」という日本の非核三原則が、沖縄にも適用されることをも意味している。とすれば「本土並み」ですむことを、なぜわざわざ「核抜き本土並み」とことわるのか。それはこの返還交渉の難関が「核」問題にあったことを示している。困難な交渉は、しかし最終的に「核抜き本土並み」で合意をみることになった。だがこの合意は、「緊急時の核再持ち込み」の権利を米国がもつことの秘密合意を日米首脳間で取り交わすことではじめて成立したのである。[*9] この日米の合意をもって本土復帰する沖縄が組み込まれることになる日米安全保障条約は、佐藤栄作の兄である岸信介首相が進めた改定交渉によって成った新条約である。一九六〇年、戦後日本の最後の大規模な市民学生らによる安保闘争が展開された。国会周辺は反安保を叫ぶ人びとによって埋め尽くされた。反安保の叫びのなかで新安保条約は成立したのである。岸首相は日米は対等の新時代に入ったといった。敗戦国という従属関係を脱して日本は、対等の同盟国としてアメリカと相互的な安全保障条約を結んだというのである。だがアメリカの核兵器をもって東アジア地域の安全の最終的な保証とする安全保障上の関係に対等ということはない。しばしばいわれるように、「日本は自立的にアメリカの核の傘に入った」だけなのだ。ただ対等であることは相互的な防衛分担義務としてだけ強調された。

一九七二年、極東における米軍最大の「基地の島」沖縄が返還された。佐藤はこれをもって日本の戦後は終わったといった。沖縄という領土の返還をもって日本の主権性は真に恢復され、戦後日本の対米的従属性は最終的に脱っせられたというのである。兄である岸を継いで佐藤は、自立日本の悲願を達成したのである。かくて極東米軍最大の「基地の島」沖縄は、公式的には「核を抜く」ことで、しかし「緊急時には核の再持ち込み」を可とする密約をもって、日本の領土に復したのである。これが日本の真の自立ということであり、従属的戦後日本の終わりということである。しかし米軍の「基地の島」沖縄は依然として「基地の島」沖縄である。では何が終わり、何が始まったのか。

ネグリとハートは、「防衛」が外からの脅威に対する防壁を含意するのに対して、「安全保障(security)」とは「国の内外において恒常的な戦争活動を行うことを正当化する」[*10]ことだといっている。たしかに朝鮮戦争を通じて強化された日本の米軍基地は、ベトナム戦争を通じて米軍の軍事的戦略拠点としての位置を強めていった。ベトナム戦争が泥沼化するなかで、沖縄の嘉《か》手納《でな》基地はB52の発進・補給の一大拠点となっていったのである。米軍基地とはアメリカの戦争のための軍事拠点である。日米安全保障条約とはこの米軍の軍事拠点の維持を、日本が対等の義務として請け負ったことを意味する。アメリカの戦争状態の維持を、日本は自らの条約的義務とすることを保証したのである。それが沖縄返還の意味である。9・11以降、反テロという戦争は世界の常態となった。その戦争を日本は対等な条約国として後方支援する。日本の陸上自衛隊はイラクまで出動し、海上自衛隊の補給艦はインド洋で米軍艦艇に燃料を補給している。日本はグローバル「帝国」時代の日米安全保障条約という新たな従属関係に入ったのである。主権国家日本の筋を通すということはそういうことである。まさしく主権国家日本の首相としての意地から靖国参拝を続けた小泉によって、日米の緊密化はいっそう進行したのである。かくてアメリカの戦争を支援する名誉ある一国に日本はなりえたのだ。そしてアメリカと対等な同盟国日本の平和な若者たちは、いまやサミットの会場ともなったリゾート沖縄の「青い海」を満喫しているのである。

私が『沖縄修学旅行』を手にして沖縄を訪れたのはやっと二〇〇四年の一一月である。『国家と祭祀』の最終章に沖縄の死者たちのことを記した私は、ともかく沖縄の摩文仁の丘に詣でねばならないと思っていた。私は沖縄最終戦の戦場となった南部の海岸と洞窟の前に立ち、摩文仁の丘の平和の礎に詣でた。平和の礎は、沖縄戦による戦没者の氏名を刻した御影石の石碑群からなっている。そこに刻まれているのは、沖縄戦で命を落としたすべての人びとの名前である。国籍をこえ、敵と味方、軍人と住民、加害者と被害者の別をこえてその名が刻まれている。その総数二三九、〇九二人のうちにはアメリカ一四、〇〇八人、韓国三四一人、イギリス八二人、台湾二八人が含まれている（二〇〇四年六月二三日現在）。靖国の祭神二、四六六、四二七柱（二〇〇二年一〇月一七日現在）とは、日本帝国によって選別され、一方的に国家に囲い込まれた戦死者である。国家は死者を選別し、「英霊」として己れの中に囲い込む。そこには台湾出身の戦死者も、朝鮮出身の戦死者も一方的に己れの「英霊」として囲い込まれている。それが日本国家としての筋を通すことである。だが見捨てられた死者の側に立つ沖縄の人びとは、区別なく、国境をこえて死者の名を平和の礎に刻むのである。戦争の死者たちに真に連帯する市民には国境はない。国家という筋を通そうとするものは死者を選別する。そして主権的国家日本の筋を通そうとするものによって、「帝国」の常態的戦争の戦略拠点として沖縄は日米「安全保障」体制に組み込まれたのである。これを変えることは、戦争の死者たちと真に連帯する国境をこえた市民の力によるしかない。

［注］

＊1　『沖縄修学旅行』（第2版）新崎・仲地・村上・目崎・梅田共著、高文研、一九九九。

＊2　藤村道生『日本現代史』世界現代史1、山川出版社、一九八一。

＊3　この言葉は、一九六五年八月一九日、日本首相として戦後初めて沖縄を訪問した佐藤栄作が那覇空港で語ったものである。

＊4　沖縄戦にあたって沖縄の女学生たちは動員され陸軍病院に配属された。戦争の末期、米軍の激しい攻撃に曝された戦場にあって、多くの若い命が失われた。『ひめゆりの塔』はその記録である。

＊5　戦没学生の手記。

＊6　『国家と祭祀―国家神道の現在』青土社、二〇〇四。

＊7　天皇を最高の祭祀者（祭祀大権の所有者）であり、同時に最高の統治者（統治大権の所有者）だとする日本近代国家のあり方を指して私は「天皇制的祭祀国家」と呼ぶ。

＊8　加藤典洋『敗戦後論』講談社、一九九七。

＊9　沖縄返還交渉におけるニクソンと佐藤栄作との間でなされた「核再持ち込み」の秘密合意の事実を明かしたのは、この交渉を佐藤の密使として務めた若泉敬（元京都産業大学教授）である。このことを含めて沖縄返還をめぐる日米交渉の詳細は『「改憲」の系譜―九条と日米同盟の現場』（共同通信社憲法取材班、新潮社、二〇〇七）。

＊10　A. Negri, M. Hardt『マルチチュード』上、幾島幸子訳、ＮＨＫブックス、二〇〇五。

第10章　近代日本の国家形成と儒教

「東アジア儒教（東亜儒学）」がいわれるようになったのは、ごく新しいことである。二〇世紀の過ぎようとする時期、台湾のことに台湾大学の中国学者たちによって「東アジア儒学の展開」が顧みられ、新たな研究主題を構成するようになった。これを主題とした国際的シンポジウムがしきりに開催されるようになった。やがてこれが中国の研究者や研究機関の主題ともなることを通じて、この主題は東アジアの〈儒教文化圏〉としての再統合の課題をになうものとなった。二〇〇四年九月に関西大学で「東アジア世界と儒教」の国際シンポジウムが開かれ、その特別講演を依頼された。「近代日本の国家形成と儒教」という私の演題には、「東アジア儒学の展開」という主題にすでに疑いをもつにいたっている私の姿勢が反映されている。儒教は近代日本にとって天皇制的祭祀国家を基礎づけるものとしてあったと、あえて儒教の否定像を提示していったのである。この講演は関西大学で二〇〇四年九月一七日に行われた。

1　一身にして二生を経る

近代日本にとって儒教（儒学）はどのような意味をもったのでしょうか。どのような意味をもったのかという問いは、そのままの継続的な存立がもはやない過去の文化遺産に向けての問いでありります。たしかに近世日本社会で正統的な地位を占めていた儒教は近代日本社会からその姿を消してしまったようです。だが多くの儒者を輩出し、すぐれた学問知識を形成した近世儒教が近代日本に何らの意味をも残さないで消えてしまうということは考えにくいことです。にもかかわらず近代日本にとっての儒教の意味を尋ねるような問いが立てられるのは、近代日本がドラスチックな文明的な転回を遂げたゆえです。西洋近代文明とは明治日本にとって目的であったのです。[*1]

この目的としての西洋文明による日本社会の近代化（＝西洋文明化）の明確な戦略をえがいたのは福沢諭吉であります。福沢の『文明論之概略』の第二章は「西洋の文明を目的とする事」となっています。その福沢はいま新たに西洋文明を受容しようとする体験を、「一身にして二生を経る」ような体験だと『文明論之概略』の「緒言」でいっています。たとえばいま西洋文明を日本に紹介する先端的な洋学者もその前身は、「悉皆漢書生ならざるはなし、悉皆神仏者ならざるはなし、封建の士族にあらざれば封建の民」であったというのです。既存の東洋文明のうちに成長し、漢学的教養を身につけたものが、いま新たな西洋文明を受容し、その文明によって生きようとしているのです。それはまさしく「一身にして二生を経る」ような体験です。

福沢はそれを僥倖といってもいい幸運な体験だというのです。

福沢が新たな西洋文明受容の体験を「一身にして二生を経る」体験としてとらえていることは重要なことです。「一身にして二生を経る」とは前身を既存文明のうちにもち、後身を新たな文明のうちにもとうとするものの体験です。そのとき、前身は後身の体験の質を規定し、転生する後身に前身の免れがたい母斑をも残すことになるでしょう。この体験は福沢ら個人におけるものであるばかりでなく、転生しようとする国家についてもいえることです。私がいま尋ねようとするのは、前身から後身への日本国家の転生がいかにあったかということです。

2　明治の復古的維新

私がここに尋ねようとするのは一九世紀における日本国家の転生、あるいは生まれ変わりの問題です。周知のように明治維新という近代国家に向けての日本の変革は、東アジア世界への欧米先進諸国の軍事力をともなった経済的伸張という「外圧」のもとに遂行されました。近代化への変革にあたってのこの欧米諸国による「外圧」とは、非ヨーロッパ諸国における近代化に共通する条件であります。それは対抗的にも随順的にもそれらの国における近代化の方向を規定していきます。[*2] すなわち自立的な国家主権を具えた国民国家の方向です。日本の明治維新もまた明確な国家主権を具えた新たな国民国家に向けての変革です。

ただ日本の近代国家に向けての変革は、王政復古というスローガンを掲げて遂行されました。

天皇制国家の範型を古代に求めながら、その近代的な再生を通じて徳川旧体制の廃絶を維新は求めたのです。日本は新しい国家への生まれ変わりを王政復古として遂げようとするのです。その意味で明治維新は復古的維新であったということができます。

この王政復古という明治維新が掲げたスローガンは、新たな国家のあり方を基本的に性格づけていきました。新たな国家は天皇制的国家という枠付けをもった国家だということです。天皇制的国家として国家主権のあり方が求められたし、天皇制的国家の民として新たな国民の形成が求められたのです。日本の近代化は天皇制的国家としてなされるのです。この国家の法的表現が「大日本帝国憲法」であります。そこでは神聖にして犯すべからざる天皇によって統治される国家と規定されるのです。私が本日ここで申し上げる問題もこの近代に成立する天皇制的国家のあり方にかかわることです。

3 最初の天皇制国家

さて王政復古としての明治維新が歴史に回想するのは原初の天皇的国家です。その国家は神話的起源をもって『日本書紀』に記述されている国家です。すなわち神統譜を背負う神武天皇を初代の天皇とした国家です。神武天皇が創始したこの天皇的国家を、一九世紀末の日本で再生しようとするのです。今度は近代的法制度をもった天皇制的国家として。*3

ところでこの神話的な起源とは別に歴史上において日本が明確に日本国家として形成される

のは、七世紀後半から八世紀にかけての時期であります。一般に東アジアにおける日本のような周辺国の国家的変動は中国を中心とした帝国秩序の政治変動に強く規定されています。倭国を脱した日本の新たな国家形成が七世紀における唐―新羅連合による朝鮮半島の政治的再編成によって加速されたことは周知の通りです。

やがて日本は明確に日本国家を形成します。その時期は厳密にいえば六七三年から七〇一年にかけての時期であります。七〇二年にはじめて中国への使者は日本の国号を用いました。唐を中心とした東アジアの世界にあって、中国を強く意識しながら、しかも中国の法制度によりながら日本は自立的な国家を形成します。その自立的な国家の王はみずからを天皇と称するようになります。漢文化を積極的に受容しながら、日本は独自な国家形成をしていきます。律令的法制度を具えた天皇制的国家が成立します。七世紀後半から八世紀にかけて日本は東アジアの唐による帝国的体制のなかで天皇制的国家として自立的な形成を遂げます。一九世紀後半の日本は欧米諸国の外圧のもとでこの天皇制国家を再形成するのです。今度は西洋流の法制度によって。

ところで古代天皇朝廷による国家の政治的統一は祭祀的統一としてなされます。すなわち神祇祭祀の統一として、さらには天皇系の神統譜への諸地方神の統一として。天皇は国家の最高の祭祀者となります。また国家神話も再構成され、神話的始源による天皇権力の正統性も確立します。こうして天皇の神話的起源と天皇的国家の創始とその継承を記した『日本書紀』（七二〇）が成立いたします。このように最初に成立した天皇制的国家は祭祀的国家であったのです。明治国家が継承しようとするのもこの祭祀的な天皇制的国家の理念です。

4 危機の政治神学──水戸学

七─八世紀における古代天皇制国家の形成が、一九世紀の国際環境のなかで回想され、近代国民国家の形成という形で再現されます。唐の冊封体制的秩序のもとにある東アジア世界において、その体制外の「不臣の客」としての日本の国家形成が、欧米先進諸国の軍事力をともなった東アジア世界への進出という一九世紀の国際環境のもとで追体験されようとするのです。この二つの歴史的時期の、二つの日本国家の間を媒介させながら、来るべき日本のための国家理念を提供しようとするのが水戸学です。

水戸学とは、徳川将軍家の親藩である水戸藩における『大日本史』という歴史編纂作業にともなって形成された朱子学系の学問をいいます。『大日本史』は紀伝体による天皇朝の正統史的な歴史編纂をめざしたものです。水戸学はこの『大日本史』の編纂作業をになった儒家知識人集団によって形成されました。この水戸学はしたがって歴史学的・国家学的な儒家思想という性格をもっています。この水戸学は一八世紀後期から一九世紀にかけて国家経綸的課題をになった国家論的な政治的言説に移行します。後期水戸学と称される国家経綸的な政治イデオロギーが、日本の国家的な危機に直面するその時期に成立するのです。この後期水戸学の国家経綸的議論を代表するのが会沢正志斎の『新論』（一八二五）です。[*4]
一八二四年五月、水戸藩領大津浜にイギリス人水夫一二名が上陸する事件が起こり、水戸藩に衝撃を与えます。それより早く一七九二年にロシヤの使節が根室に来航し、幕府に最初の対外的な危機意識をもたらしました。すでに日本は東アジアに進出しようとする欧米諸国の明確な企図のうちにとらえられています。軍事力をもってする通商開港の要求はもう間近に迫っています。対外的な危機を体験することなく太平の二〇〇年を安穏のうちに過ごしてきた日本の武家政権（徳川幕府）は、それに対処すべき思想や方策の準備がまったくないという事態に直面しようとしていました。これを日本の国家的な危機といち早く認識したのが水戸の学者たちです。水戸学は日本の人民を統合すべき新たな国家理念を再構築することで、この国家危機に対応しようとしました。私はこの水戸学、すなわち後期水戸学を「危機の政治神学」と呼んでいます。水戸学の提示しようとする国家理念とは、天皇制的祭祀的国家という神道的理念だったからです。

5　祭祀的国家日本の理念

一九世紀初頭の、対外的な危機に直面する日本にあって新たな国家理念の提示をもってこの危機に対応しようとしたのが水戸学です。ことに会沢正志斎の『新論』は危機日本を救うバイブルとして変革期の活動家たちに広く愛読されました。『新論』は危機日本の国家的な戦略書であったばかりではなく、新生日本の戦略書でもあったと私は考えております。水戸学は幕末における危機日本の政治神学であったばかりではなく、明治における新生日本の政治神学であったのです。

『新論』は「国体」概念の再定義、あるいはむしろ新たな「国体」概念の定立を緊急にして最重要な課題だとしました。日本の「国体」、すなわち日本独自にして固有の国家体制の再確認が、危機日本における最も緊要な課題だとされるのです。『新論』はその課題をあの天皇朝国家の歴史的起源を回想しながら果たそうとします。日本の「国体」はその歴史的な起源に遡行しながら再定義されようとするのです。ここには昭和日本を席巻する国体論の言説的原型が提示されています。対外的な危機に触発されるナショナリズムは、自国の固有の起源を求めた歴史的言説としてみずからを表現します。

七世紀後半から八世紀にかけて形成された最初の天皇制国家は、神話的起源に由来する天皇の系譜と天皇朝国家の統一過程を『日本書紀』に記述しました。『新論』はこの『日本書紀』の記述から、神話的起源をもった祭祀的天皇制国家の成立過程を読みとります。そこから祭祀的国家、あるいは祭政一致的国家としての日本の国家理念を、一九世紀のいま要請されている国家理念として提示するのです。この国家理念は七―八世紀の天皇制的祭祀国家の再構成によって提示されるものですが、しかし一九世紀の日本に提示される天皇制的祭祀国家は水戸学的な儒家思想によってはるかに強力に理念的に装備されました。まずこの天皇制的祭祀国家の理念的な核として「天祖」概念が再構成されます。

6 「天祖」概念の再構築

「天祖」は『日本書紀』では「あまつみおや」と読まれ、天皇の祖先神としての天つ神を意味しました。したがって「天祖」の神は天照大神に特定されてはいませんでした。会沢あるいは水戸学において「天祖」は儒家的に再構成されます。まず「天祖」は天皇の祖先神であるとともに天と同格の根元的な神として天照大神に特定されます。さらに「天」が儒家的な天としてとらえ直されます。かくて「天祖」は天と祖宗とが同一化された概念として再構成されるのです。

水戸学におけるこの「天祖」概念の再構築に荻生徂徠の古学の影響があることは明らかです。水戸学、ことに後期水戸学への徂徠学の影響については尾藤正英氏が夙に指摘するところです。鬼神問題をめぐる文章で徂徠は人間社会が祭祀的共同体として始まったことをいっています。社会の統合的な契機として祖先祭祀の意味を重視する徂徠は、先王が「祖宗を天に配して祀る」ことの国家経営にとってもった重要な意義を説きます。水戸学の「天祖」概念をすでに徂徠は用意しているのです。皇帝による天下支配の正統性をいう儒家的「天」概念が「皇祖神」に結合され、新たな「天祖」概念が構成されます。かくて神話的天照大神は「天祖」として再構成され、天皇の国家統治の正統的根拠としての始源的祖先神という性格を明確にさせます。

こうして「天祖」は天皇朝国家における支配者天皇の正統性が由来する始祖天照大神を意味することになります。同時に天祖天照大神は天に同一化された始祖として、天と同格の位（天位）と徳（天徳）とを備えた神だとされます。この「天」を表立てる言辞には、天を戴く帝王の統治という儒家的な天下支配の正当性の理念が含意されています。「天祖」とは皇統の正統性と、皇孫による天下支配の正当性とを二つながらに保証する概念であるのです。

会沢あるいは水戸学はこのように新たな国家統合の中心である天皇を支える強力な概念を提供することになるのです。

7 近代的祭祀国家としての日本

天皇がみずから皇祖を祀る行為は、敬神崇祖の道徳を身をもって行った、まさしく人民の師表でもある君主の行為であるとされます。「聖人、神道をもって教えを設く」という易の彖辞は、ここでは天皇による祖宗の祭祀が人民への教えとしてあることの意義を説く言葉としてとらえ直されます。敬神崇祖の理念は、こうして来るべき国家における国民道徳の根幹を規定していくものとなるのです。天皇が国家の最高の祭祀者であることによって、国民の精神的統合を確実にするとされるのです。このようにして水戸学的儒家思想は、新たな来るべき国家を天皇制的祭祀国家として強力に理念化するのです。この理念に導かれて近代天皇制的国家の神道、すなわち国家神道もまた成立するということができます。国家神道とは近代日本の祭祀的国家の理念に導かれて再構成された神道をいいます。

明治維新によって近代国家形成への歩みを始めた日本はやがて帝国憲法を制定し（一八八九）、立憲的君主国家としての国家体制を整えます。この帝国憲法は近代世俗国家の政教分離の原則にしたがって市民の信教の自由を一応容認いたします。しかしその憲法的体制を超えた天皇の祭祀大権が存在するとされ、それに根拠を置きながら国家は神道を宗教とは別次元の祭祀体系として己れの側に組み入れます。こうして近代日本国家は憲法的社会体制をもった神道的祭祀国家として出現することになるのです。この祭祀的国家体制を神道史家は祭教分離的体制といいます。すなわち国家の側の神道祭祀と市民の側の個別宗教とを分離した、この意味での政教分離の国家体制だというのです。しかしこの祭教分離という政教分離とは詭弁です。国家の神道祭祀に包摂されるかぎりで市民の個別信仰は容認されるのです。それは実質的には市民の側における個別信仰の死を意味しました。帝国憲法下の政教分離が実際上何であったかという問題についてはは別個に論ずべきことで、ここではこれ以上ふれません*5。

近代日本国家は天皇を最高の祭祀者とした祭祀的国家の性格をもって出現しました。近代国家は一般に教会権力から自立した世俗的権力からなります。この世俗的権力としての国家の自立を政教分離といいます。この自立した世俗的国家が今度はそれ自体としての宗教性をもとうとします。すなわち国民の自己犠牲的な献身を可能にするような祭祀と宗教性をもった国家としてです。かくて近代国家は国民の献身的犠牲者を祀る国家となるのです。近代の世俗的国家は多かれ少なかれこのような祭祀的国家としてあるのです。近代国家日本は天皇制的祭祀国家としてみずからを形成したということができます。

ところで天皇制的祭祀国家という場合の祭祀とは神道祭祀でありますから、近代日本は神道的、あるいは神祇的祭祀国家であったわけであります。しかしその祭祀国家のあり方を理念的に規定しているのは水戸学的な儒家思想でありました。いま一つの例を挙げてみましょう。第一回の帝国議会（一八九〇）が開催された際に神社神道家たちが、神祇的祭祀国家を真に実現するために神祇官の設置をを求める請願をいたします。その陳情書には次のようにのべられております。

「実ニ我ガ国家ハ、天祖ノ皇孫ニ授与シ給ヘルモノニシテ、聖子臣孫、継々承々、茲ニ二千五百五十一年宝祚ノ隆ナル、天壌ト共ニ窮リナク、皇上ハ則チ天祖ノ遺体ニシテ、我四千万臣民ハ則チ皇裔臣孫ナラザルナシ、云々。」

これは見事に水戸学的な概念をもってした臣民的統合からなる国家の記述ではありませんか。神道家は実現すべき神祇的祭祀国家の理想を水戸学的な言辞をもってのべるのです。神祇的な祭祀国家の理想は日本の近代史を通じて実現されることはなかったと神道家はいいますが、しかし近代史の上に、ナショナリズムを喚起しながら国民統合の理念として存在し続けたのは、天祖―皇上を臣民的心情の収斂軸とした祭祀的国家日本の理念であったのです。それは水戸学が提供した理念です。

漢文明における天と帝王の思想は水戸学を経由しながら、近代的祭祀国家日本の国家体制とその理念の上に濃厚な影を落としているのです。一九四五年の終戦の詔勅にいたる天皇の詔勅が、中国古代の尚書的言辞を思わせる漢文体であったことは端的にそのことを物語っています。

一九四五年の日本の敗戦は、象徴的にいえば、尚書的言辞によって飾られた漢文体の祭祀国家日本の敗北であったということができます。*6 日本国憲法（一九四六）はこの祭祀的国家のあり方を根本的に否認しました。日本国憲法は国家による軍事力の行使としての戦争を放棄するとともに、国家による宗教祭祀へのあらゆる関与を禁止したのです。この憲法は天皇制的祭祀国家日本の国家体制と国家原則を否認したのです。

わたしたちは近代国家日本の形成とその挫折を通じて、東アジアの儒家的理念によって支えられた天皇制国家の辿った運命を見ることができるのではないでしょうか。

［講演の際に付言した事柄を補注の形で補った。］

［注］

＊1　私は当日の講演冒頭で東アジアあるいは日本の「近代」をどう考えるかについてのべた。私は東アジアがヨーロッパに成立する近代的世界あるいは世界史の過程に組み込まれていった時期をもって「近代」を考えている。その時期は一八四〇年代に始まるとみなしている。したがって私はヨーロッパ近代への批判からアジア的近代あるいは中国的近代を考える溝口雄三氏のような立場をとらない。日本の近代をそのように考えることによって、たとえば日本の近代国家がいかに創出され、何を実現していったかがはじめて批判的に問われてくる。

＊2　非欧米地域における近代国家の形成は外圧のもとでの形成であり、形成すべき国家の範型としてヨーロッパの世俗主義的国民国家が与えられる。日本はそうした国家形成のもっとも早い例である。ネルーのインドやナセルのエジプトもヨーロッパの世俗主義的国民国家の範型にしたがって近代的国家形成をしようとする。ヒンズー・ナショナリズムやイスラム原理主義の問題は非ヨーロッパ圏におけるこうした国家形成の行き詰まりなり挫折との連関で理解される必要がある。これらの点については小川忠著『原理主義とは何か』（講談社現代新書）を参照。また私もこの視点から近代日本の世俗主義的国家としてのあり方を『国家と祭祀』（青土社二〇〇四刊）で検討した。

＊3　日本の近代天皇制国家の創出にあたっての範型として考えられる三つの歴史的な事例があった。一つは神武天皇の肇国という神話的な事例である。二つは天智天皇の大化の改新に始まる古代天皇制国家の創出という事例である。三つは後醍醐天皇による天皇親政という事例である。明治の天皇制国家がその創出にあたって採った範型は第一の神武肇国という神話的な事例であった。ところで明治維新を未完の維新として、真の国家改革としての昭和維新を主張した北一輝が範型として採ったのは第二の天智の改新であった。

＊4　水戸藩における『大日本史』の編纂事業の主導権が立原翠軒から藤田幽谷の手に移された時期から後期水戸学が始まるとされる。一九世紀の始めの時期である。水戸藩における修史事業の関心が制度史的な記

述へと移ったことがいわれる。この関心の移行は、「礼楽刑政の道」という徂徠学的視点が水戸藩の学者たちに共有されていった結果だと尾藤正英はいっている。尾藤は後期水戸学における徂徠学の影響から、徂徠学に近代「国家主義の祖型」を見出している（『荻生徂徠』解説、日本の名著16、中央公論社）。

＊5　私の著書『国家と祭祀─国家神道の現在』を参照されたい。

＊6　私の個人的体験に属することであるが、当時一三歳の少年であった私には一九四五年八月一五日正午の天皇によって朗読された終戦の詔勅はまったく理解できないものであった。僅かに聞き取れた「堪え難きを堪え、忍び難きを忍び」とは、戦争の苦難にさらに堪えよといっているとばかり私は聞き取った。その日の夏の午後、多摩川での水遊びに集まった少年たちは天皇の詔勅の意味について議論しあった。なお戦争は続くのか、それとも終わるのかと。

第11章　日本知識人と中国

『懐徳堂―18世紀日本の「徳」の諸相』（岩波書店、一九九二）の著者テツオ・ナジタ教授の名をもった特別講座がシカゴ大学に設けられ、私はその二度目の講師として招かれた。ちょうどその時期私は後に『日本人は中国をどう語って来たか』（青土社、二〇一二）にまとめた「中国論を読む」作業をすすめていた。そのこともあって講演のテーマとして「日本知識人と中国」が与えられた。その講演は二〇一一年一〇月四日、シカゴ大学で行われた。

1　ナジタ教授との出会い

今回、ナジタ教授特別講座の講師としてお招き頂いたことを感謝いたします。私は一九八九年一一月に、ここシカゴ大学で徳川思想についての数回の講義をする機会を与えられました。それから二二年後の今日、あらためてここでお話する機会を与えられたことは、私にとって感慨深いものがあります。

初めにナジタ教授との出会いについて述べさせて頂きます。ここではいつものようにナジタさんと呼ばせて下さい。私がナジタさんと大阪で初めてお会いしたのは、“The Kaitokudo, Merchant Academy of Osaka„が刊行された一九八七年に先立つ時期でありました。ナジタさんとこの著書との出会いは、私にとって大きな事件でした。大阪大学で最初にお会いしたとき、ナジタさんは熱心に一八世紀の徳川社会における〈知のネットワーク〉について語りました。そして大阪の学問所〈懐徳堂〉とは、この〈知のネットワーク〉の重要な〈繋留地anchorage〉であったともいいました。私には最初、ナジタさんのいうことがよく理解できませんでした。彼は何をいっているのかと、怪訝な思いで聞いておりました。彼がいう〈知のネットワーク〉といった見方は、“The Kaitokudo„を読んだものにはよく理解できることですが、この書を知る以前の私などにとって、彼の語ることはほとんど理解できない言語の登場のように思われました。思想史をただ時間軸にしたがった思想の系譜なり、議論の展開史としてきたものに、彼は思想・知識の空間的な展開相を突きつけたのです。私が最初怪訝な思いで聞いていたナジタさんの説は、やがて私の思想史の革新を促すような衝撃となりました。

2　思想史の革新

ナジタさんはただ直線的な思想史を遮断して、社会の空間的拡がりにおける新たな〈知〉の形成とその運動を見出したのです。その〈知〉の運動は、〈人〉と〈物〉の交通と重なりながら展開されます。徳川時代のことに一八世紀社会は、〈人〉と〈物〉と〈知〉の全国的な交通が形成された社会であります。そして商都大阪とは一八世紀日本における〈人〉と〈物〉の交通の要衝でありました。そのことは大阪が〈知〉の交通の要衝でもあったこと、すなわち大阪の学問所〈懐徳堂〉が最重要な〈知の繋留地〉でもあったことを意味します。こうしてナジタさんは〈懐徳堂〉を再発見したのです。それだけではない、日本の近世社会（徳川日本）を再発見したのです。かくて私の江戸思想史の書き直しは加速されることになりました。

ナジタさんが一八世紀徳川社会の再発見の仕事を進めていたその同じ時期に、私は徳川思想史を方法的に革新することを考えておりました。それはまず丸山眞男の『日本政治思想史研究』批判としてなされました。丸山による近代主義的な荻生徂徠解釈の批判を通じて、私は『「事件」としての徂徠学』（青土社、一九九〇）を書き、新たな思想史の方法的立場を明確にしました。一八九年にシカゴ大学で講義したのは、この書の中心的な諸章についてです。私は一八世紀初頭の思想空間に徂徠によって何が新たに言い出されたかという言説の〈事件性〉をもって徂徠をとらえようとしました。そのことは徂徠言説の〈意味〉を、近代から遡及される言説の〈近代性〉によってではなく、その言説の〈事件性〉によって、すなわち何が新たに言い出され、いかなる波紋を同時代に、さらに後続する時代に及ぼしていったのかという〈事件性〉によってとらえることを意味します。それは〈近代〉から〈徂徠〉を見出すのではなく、〈徂徠〉から〈近代〉を見直すことでもあります。この視点の転換は、江戸思想史の書き直しを可能にしたばかりでなく、[*1]〈近代〉の見直しをも可能にしました。すなわち〈江戸〉から見るという見方です。

ナジタさんの一八世紀的社会における多中心的〈知のネットワーク〉というとらえ方は、一極集中的な近代の〈知の一元化〉的変容を浮かび上がらせることになります。私もまた〈江戸〉を方法的な外部的視点とすることで、〈日本近代〉を批判的に相対化する見方を成立させていきました。そこから〈近代〉を批判的に再検討する思想史的作業が生まれてくることになります。それはまず『近代知のアルケオロジー』（岩波書店、一九九六）であり、この世紀に入ってからの『国家と祭祀』（青土社、二〇〇四）、『「近代の超克」とは何か』（青土社、二〇〇八）、『和辻倫理学を読む』（青土社、二〇一〇）であります。そして今私は二一世紀における大国中国の登場というインパクトを受けながら、近代日本における「中国論」を読み直す作業を始めています。

今回私は「日本知識人と中国」という主題で講演する機会を与えられました。私はそれを「日本の知識人は中国をどのようにとらえ、考えてきたのか」という問題としてとらえ、日本における中国観の変容を大きなアウトラインを描く形で述べてみようと思います。

3　中国の〈異国〉化

一八世紀日本の国学者本居宣長の著作に『直毘霊《なおびのみたま》』があります。これは宣長の主著である『古事記伝』の序として書かれた文章です。この『直毘霊』には「この篇は道ということの議論である」という副題が付されております。議論というのは、儒家的教説としての〈神道〉を、日本固有の〈神の道〉として取り戻すための議論（論争）を意味します。ここで注意しなければならないのは、宣長たちが日本固有の〈神の道〉をいい出すまで、〈神道〉とは儒家的教義で構成された〈儒家神道〉としてあったことです。〈神道〉は儒教や仏教の教義的助力をえて初めて教説たりえたのです。したがって〈神道〉が〈儒家神道〉であることをだれも疑っていなかったのです。山崎闇斎が朱子学者でありながら同時に垂加神道家であることに誰も疑いをもっていなかったのです。これに異議を唱えたのが宣長です。彼は記紀神話によって固有の〈神の道〉の存立をいおうとします。そのためには〈儒家神道〉の、あるいは神道を教義的に基礎付けてきた儒教そのものの解体的な批判がなされなければなりません。宣長は「漢意《からごころ》」として儒家教説の〈異国性〉を徹底的に、悪罵ともいいうる言葉をもって暴き出していきます。日本の〈神の道〉を存立させるには、儒教を〈異国〉的思惟として、悪罵をもって追放する言語作業を必要としたのです。これが『直毘霊』における「道ということの議論」です。中国を〈異国《あだしくに》〉すなわち自己〈日本《やまと》〉から異別された他者とすることによって初めて文化的にも〈固有の日本〉が存立することになるのです。

宣長とは〈固有の日本〉の発見者です。同時に彼は〈異国〉としての〈中国〉の発見者でもあります。日本知識人の言説上に〈中国〉が登場するようになるのは、一八世紀の宣長ら国学者においてです。その〈中国〉とは、自己（日本）から異別化された他者としてであります。この他者としての〈中国〉という意識は、近代以降も、ことに文化、言語上に持ち続けられます。それは何より日本の〈漢字〉観に見出されます。[*2] 漢字とは、それなくしては日本語という書記言語も成立しない最重要な言語的契機です。にもかかわらず、〈漢〉の文字という他者性の標《しるし》を持ち続けているのです。

4 停滞的中国

日本の為政者・識者に中国が注意されるようになるのは、一九世紀の東アジアを襲ったウエスタン・インパクトを通じてです。中国が注意されるとは、西洋が注意されるということでもあります。一八四〇年のアヘン戦争と中国の敗北とは、幕末期日本に大きな衝撃を与えます。それは二重の衝撃でした。第一の衝撃とは、その軍事力に代表される欧米の国力が与えた衝撃です。そして第二の衝撃とは、その軍事力に脆くも敗れた大国清の実状が与えたものです。この衝撃を強い危機意識をもって受けとめたのが、長州藩の若い改革者たちでした。この時期の東アジアの国際情勢にもっとも鋭敏であった長州藩が、日本の近代革命の中心的な役割を果たすことになるのです。

明治維新という日本の近代革命がひとまず成ったとき、日本の知識人はどのように中国を見出したのでしょうか。福沢諭吉の『文明論之概略』は明治八年（一八七五）に刊行されます。『文明論之概略』とは近代日本の黎明期に、はっきりとした文明論的な日本の設計を提示した書です。はっきりとした設計とは、近代日本が何に定位してみずからを文明国家として形成すべきなのか、その際、どのような骨格や土台を備えるべきなのかについての明白な設計的指針の提示ということです。私は福沢の没後百年である二〇〇一年にこの書の読み直しの作業を始めました。福沢の設計の何が実現し、実現しなかったのか。あるいは近代日本は福沢の設計を踏み越えて、設計とは別の何を実現してしまったのか。福沢の設計と近代日本の実現とを相互に問い合わせる作業は、私にとってきわめて意義深い作業でした。[*3]

福沢は近代黎明期日本の議論は、「文明を本位とすべき」だといいます。すなわち「文明・文明化」を基準として議論を構成すべきだというのです。その「文明」とは理念型としての西洋近代文明です。福沢文明論の担う栄光とは、西洋近代に定位した文明化の設計を、最善の設計として、いち早く日本国民に提示したことにあります。その意味で福沢は近代日本の父として日本の紙幣を飾るのです。

ところで福沢は、「文明とは相対したる語」であるといいます。それは遅速・軽重のようにつねに相対する語を持っているということです。〈文明〉とは〈野蛮〉に対する語です。〈文明〉を〈進歩〉の同意語とすれば、それは〈停滞〉あるいは〈退歩〉を反対側に持つということです。こうして福沢の文明社会の成立をめぐる文明史的記述は、反文明的な停滞的社会を一方に記述していくことになります。すなわち「東洋的停滞」をもっていわれる専制的帝国・中国を描きだしていくのです。福沢の記述は、ヘーゲルの歴史哲学が原型的に構成していった停滞的東洋像をなぞっていかざるをえません。そのことは福沢の文明史的な記述がヘーゲルの歴史哲学の影響下にあるというのではありません。むしろヘーゲルの歴史哲学がヨーロッパの文明成立史を原型的に代表しているのです。ともあれ福沢文明論は、社会的進歩と変化とを抑える一元的な専制的支配のままに停滞する帝国という中国像をはじめて日本人の眼前に提示するのです。

「秦の始皇帝が一度び百家争鳴という世の多事争論の風を絶って以来、天下は再び独裁による一専制政治に帰し、王家は交代しても、社会のあり方は変わることとなく、最高の権威と最強の権力とは一天子に合して世を支配し、この専一的な支配制度にもっとも便利なるゆえ、ただ孔孟の教（儒教）だけを世に伝えたのである。」（『文明論之概略』第2章）

これを読むと、福沢の専制的中国論とは天皇制国家論への暗喩ではないのかと思われてきます。神聖天皇を頂く明治国家は基本的に専制的帝国中国と変わりはないのではないか。まして中国に王朝の交代はあるが、日本では一系の天皇が存在し続けています。福沢文明論が抗争相手として水戸学的国体論や復古的天皇親政論をもっていたことを思えば、専制的中国論が天皇制国家論への暗喩でありえたことを否定することはできません。しかしその議論は福沢論の問題です。ここでは近代黎明期の日本人はいち早く、福沢によって停滞的、専制的帝国・中国の像を与えられたことを見ておきたいと思います。

ところで専制的帝国としての中国の停滞性をいう福沢文明論とは、背後にギゾーやバックルの『ヨーロッパ文明史』をもった〈翻訳的言語〉からなるものです。そのことを私は否定的にいうのではありません。むしろ〈翻訳的言語〉として福沢は、西洋近代文明に定位した近代日本の文化的書記言語を創出したことをいいたいのです。かつて宣長の国学的和文は〈漢〉を〈日本〉から異別化し、排除しました。いま福沢の西洋に定位した〈翻訳的言語〉は、停滞する〈支那〉を記述し、それを文明的進歩のネガ像として再構成していくのです。この福沢の〈翻訳的言語〉こそが、近代日本の正統的な言語です。それは近代日本の知識人の言語でもあります。

5　〈東亜〉的世界

近代国家への離陸に成功した日本は、東アジアにおける文明的中心の位置を自分の側に移行させます。私は一〇年前、世紀の転換の時期に、〈東亜〉という地域的呼称について考えました。〈東亜〉という地域的呼称の成立と東アジアにおける文明的中心の移動とは深い関係をもっています。

中国を中心にして、かつて満蒙といわれた中国東北部、朝鮮半島、日本列島、さらに琉球から台湾を結ぶ島嶼、そして越南といわれたヴェトナムにいたる地域を〈東亜・東アジア〉といい、この地域における文化によって〈東亜文化圏〉がいわれたりします。だが〈東亜〉とか〈東亜文化圏〉といったいい方はもともとあったのでしょうか。『言海』（明治二四年・一八九一刊）を見ても、「東洋」はあっても「東亜」はありません。〈東亜〉とは比較的に新しいいい方です。

さきに私はこの地域を説明して「中国を中心として」といいましたが、〈東亜〉とはもともと中国を中心とした政治的、文化的世界でありました。政治的には、中華帝国に冊封関係をもって包摂される世界であり、文化的には、中国文化圏あるいは漢字文化圏と呼ばれる世界です。ですから中国からは〈東亜〉という呼称は生じないし、ましてや〈東亜文化圏〉をいったりすることはありません。したがって〈東亜〉あるいは〈東亜文化圏〉とは、中国の周辺から、中華的世界をとらえ直すいい方なのです。すなわちこの地域における文明的中心の中国から日本への移行を強く意識する近代日本からいい出されるものなのです。それゆえ〈東亜〉的世界とは、日本帝国と同時に成立するといえます[*4]。

この〈東亜〉の地域概念が、理念性を帯びて喧伝されるにいたるのは、昭和の日中戦争の時期にいたってです。

6 日中戦争と〈東亜〉の理念

日中戦争とは、日中間に生じた〈事変〉ではなく、日本が中国大陸に全面的に軍事介入した〈戦争〉でした。昭和一六年（一九四一）、太平洋戦争が始まろうとするその年に、中国本土に投入されていた日本陸軍の総数は約一三八万人であったといいます。それは陸軍の総動員数の六五％にあたるものです（纐纈《こうけつ》厚『日本は支那をみくびりたり──日中戦争とは何だったのか』同時代社、二〇〇九）。にもかかわらず日本はこの中国大陸への大規模な軍事介入を戦争といはず、〈支那事変〉と言い通しました。

中国を日本がはっきりと帝国主義的な野心の対象とするようになるのは、日露戦争（一九〇四－五）後です。朝鮮を併合（一九一〇）した日本は、満洲への進出の足場を築きます。経済恐慌とともに始まった昭和日本は、内外の閉塞状況を打開するようにして満洲事変（一九三一）に突き進みます。この事変を計画し、遂行したのは関東軍の青年将校たちでした。昭和日本は何度かのクーデターを経て、軍部ファッシズムの様相を強めていきました。こうして一九三七年七月七日の蘆溝橋における発砲事件は、不拡大の政府の意図にもかかわらず、中国本土における全面的な戦争として展開されていきました。この日本側が〈支那事変〉と呼ぶ戦争は、いかなる意味でも正当性をもたない戦争でした。一〇〇万をこえる兵士たちが、理由も、目的も、そして終着点も分からない中国大陸の戦場に駆り出されていきました。

この〈戦争〉と呼ばない戦争の目的を、近衛文麿首相は、「帝国の冀求《ききゅう》するところは、東亜永遠の平和を確保すべき新秩序の建設にある」（近衛・東亜新秩序声明、一九三八年一一月）という言葉をもって示しました。近衛がいう「東亜新秩序の建設」という戦争目的とは、既成事実としての帝国主義的戦争に後付け的に与えた正当化の理由です。この正当化の理由は、政権担当者近衛を支える政策集団・昭和研究会に集う知識人たちによって構成されたものです。その知識人とは政治学者蝋山政道、哲学者三木清たちです。さらに彼らをサポートするものの中にはコミュニストであった尾崎秀実《ほつみ》がおり、現代中国を最も知るジャーナリスト橘樸《たちばなしらき》などもおりました。

戦争の遂行されている当該地域における新秩序の形成とは、戦争目的として常に戦争当事国によって唱えられることかもしれません。昭和一〇年代日本のもっとも良質の知識人たちによって、中国大陸における理由なき戦争の理由付けの作業がなされていきました。彼らは中国における戦争を〈東亜〉における新秩序形成の戦いとし、その新秩序からなる構成体を〈東亜協同体〉と呼んでいきました。〈東亜〉とは、まさしく日本による中国を中心とした地域の再構成的な地政学的概念であることが明かです。政治学者は〈東亜協同体〉を第一次大戦後における英米的世界秩序の再編成という世界的政治過程の中に位置づけ、哲学者はヨーロッパ中心的世界史の転換として歴史哲学的に意味づけました。

しかし日中戦争期の日本論壇を風靡したこの〈東亜協同体〉論には本質的なアポリアが含まれています。それは〈民族主義〉というアポリアです。中国における日本の戦争の遂行が、中国における民族意識を幅広く呼び覚まし、中国民族という抗日主体を作り出していくのです。私は数年前、国会図書館で日中戦争期の雑誌のバックナンバーによって〈東亜協同体〉論を追い求めていた際、意外な事実を発見しました。日本知識人による〈支那事変〉の意義付けの論説、〈東亜協同体〉論を掲載するその雑誌が、胡適の「抗日戦の意義」（『文藝春秋』一九三八年一月号）を掲げ、毛沢東の「持久戦を論ず」（『改造』一九三八年一〇月号）を載せているのです。胡適はそこで抗日戦を通じて中国は民族的統一を成し遂げたことをいい、毛沢東は抗日戦の正義が全国的団結を呼び起こし、勝利を確実にしていることを説いています。昭和一三年（一九三八）とは、日中戦争が始まり（三七年七月）、そして南京攻略（一二月）の報を国民が歓呼して迎えたその翌年です。その時期、日本の雑誌は、この戦争を通じて抗戦主体としての中国民族が歴然として存在するにいたっていることを教えていたのです。雑誌編集者の見識は、この時期までなお辛うじて紙上に示しえたのでしょうか。しかし彼らの見識と努力とによってわずかにもたらしえた〈日中戦争の事実〉、すなわち抗戦主体としての中国民族の歴然たる存在という事実は、ごく少数のものを除いて、日本知識人一般の注意を喚起することはなかったのです。〈東亜協同体〉の論者たちは、民族相互の融和的協同を説き、近代的な民族主義の超克を説いたりしました。それは彼らの〈東亜協同体〉論が中国における〈戦争の事実〉からはるかに遊離した、自己正当化の論説にすぎないものであったことを示すものです。

抗日戦を通じて形成される中国の民族主義に注意を払ったのは、コミュニストであった尾崎秀実やアジア主義者の橘樸らごく少数の知識人でした。そして中国共産党の指導する反帝・反封建闘争を通じて強固な中国人民による民族主義戦線が成立していることを認識していたのもこの少数の人びとでした。

7　日中戦争は終わったか

中国とは昭和日本の問題でした。昭和日本の国家的運命を究極的に規定するようにして中国問題があったのです。昭和一〇年代には中国問題は日中戦争という最悪の軍事的な展開をみせるにいたりました。それは理由のない、見通しのない戦争でした。中国における日本の戦争は文字通り泥沼にはまりこんでいきました。中国大陸で軍事的に行き詰まったその事態のなかで、日本は一九四一年一二月八日に米英に対する戦争を開始しました。この対米英の開戦は、中国大陸における日本のあいまいな、理由のない戦争を正当化したのです。この開戦をもって中国との戦争を正当化したのは政府や軍部だけではない、国民もまたそうでした。対米英の開戦が人びとの重苦しい気分を晴れ晴れとさせたのです。中国戦線の兵士も銃後の国民も一九四一年一二月のその日に〈本当の戦争〉が始まったと思ったのです。中国との〈戦争〉は〈事変〉と偽称され続けました。日中戦争とは、国民の意識においても隠され続けた〈戦争〉であったのです。

そして一九四五年の終戦も、日本人にとっては太平洋戦争の終戦でした。日本はアメリカに敗れたのだとだれもが思いました。事実、アメリカは広島・長崎に原爆を投下し、ほとんどの都市を焼き尽くし、日本を占領し、その戦後処理にも当たったのです。それゆえ〈戦争〉の決着は国家においても、国民の意識においても、もっぱらアメリカとの間でつけられていったのです。日本の敗戦とは、中国大陸における泥沼の戦争の敗北でもあることを政府も国民も見ようとはしなかったのです。〈戦争〉と呼ばれることのなかった中国大陸における戦争は、太平洋戦争の敗戦によって決着がつけられたのです。だがそれは日米間の決着であって、日中間の決着であったのではありません。日本の敗戦とともに激化した中国における内戦と、人民中国成立後の朝鮮戦争とが日中間の決着を先延ばしにしていきました。日中関係は決着の先延ばし状態の中に長くあったのです。だから一九七二年の日中国交回復も、本質的な決着をつけないままに、あるいはつけようとはしないで、両国間の関係の回復だけが急がれたのです。こうして日中の経済的な相互関係だけが、深く、そして広く進んでいきました。

日中間の本質的な決着とは過去の歴史認識にかかわりながら、将来におけるアジアの平和をいかに確立するかという問題についての合意であるはずです。日本のわれわれはどのような中国と、どのようにしてアジアの平和を確保していくのか。これが平成日本の国家的運命にかかわる本質的な問題であるはずです。だが日本は、そして中国もこの本質的な問題から目をそらしたまま経済的な相互関係だけを深めています。そしていま世界屈指の経済大国となった中国を眼前にして、われわれは途方に暮れているといっていいと思います。この大国中国とはアジアの平和をともに実現していく隣人でありうるのか。われわれはいま隣人中国の政治的現状に大きな危惧をもっています。だがそれが東アジアのわれわれの将来をも危うくするものであることを率直にのべうる関係を、中国との間にわれわれは作ってきていません。それは中国との本質的な決着を日本のわれわれがつけずにきたことのツケであるかもしれません。中国との本質的な隣人関係を日本は作ってきていないのです。経済的関係を深めても、本質的にヨソヨソしいのです。なぜなのか。その問いからこそ中国問題をめぐる考察は始められなければなりません。私の歴史的な考察もこの問いをもって始められたのです。

近代日本の国家的な成立は、中国を停滞するアジアの中に置き去ることによってでした。日清・日露戦争を経て、アジアにおける一帝国を成していった日本は、中国を帝国主義的な野心の対象にしていきます。日中戦争とは帝国日本と中国との関係史における最悪の帰結です。この日中戦争にいたる日本近代史の過程に、日中関係の将来に結びつくような何か、希望と呼びうる何かを見出すことはできないのでしょうか。この過程はすべてわれわれにとっての〈負の遺産〉としてのみあるのでしょうか。たしかに〈負〉を〈負〉として認識することは重要です。しかし私はその過程になおわずかにわれわれの希望をつなぎとめうる人びとの足跡を見出すのです。それは辛亥革命に始まる中国近代化の過程における困難と苦痛とを共にしようとした日本人の足跡です。〈共にする〉とは、中国の変革の苦難を共にすることとともに、であるよりは、それを日本の変革として共にするということです。私はこの中国と日本の変革を共にする人びとを、勝れた意味で〈アジア主義者〉と呼びます。それは北一輝であり、橘樸であり、尾崎秀実らであります。

しかし戦後日本には多くの親中国派というべき知識人がいるのではないか、彼らの存在こそ日本と中国との本質的な関係を築くためのものではなかったのか、という詰問の声が私にも聞こえます。最後に私はこの詰問に答えたいと思います。

中国研究者竹内好に代表される親中国派知識人は、冷戦下日本の日米関係を基軸にした復興日本の国家計略への反対像を提示し続けました。それは人民中国の承認とアジアの民族主義的連帯からなるものです。ことに竹内による毛沢東の人民民主主義的革命とその成果として成立した人民中国との全的な肯定的承認からなる中国観は、戦後日本の新たな中国研究者や革新派知識人に共有される形で大きな影響力をもちました。この毛沢東と人民中国への強いシンパシーをもった中国観は、〈人民中国の特権化〉を導きました。人民中国は彼らの世界認識・歴史認識における基軸として特権化されていったのです。この〈人民中国の特権化〉は、日中の本質的な関係を築く上ではたして意味をもつのでしょうか。私はその点についてきわめて懐疑的です。戦後の冷戦構造が日本知識人にもたらした対立像としての〈人民中国の特権化〉は、二一世紀の現在、一党的支配からなる国家官僚主導の資本主義国中国の肯定的承認を導くことでしかないのです。それは日本と中国とが本質的な関係をもつことを妨げ、その関係をむしろ見えなくさせているといえます。それは私が二〇世紀の歴史過程に継承すべきものとして見出す〈アジア主義〉では決してありません。私がいう〈アジア主義〉とは、日本と中国とが自己革新を共にすることによって見出していく連帯です。この連帯にこそ本質的関係はあるといえるでしょう。

[注]

＊1　私の『江戸思想史講義』（岩波書店、一九九八）にまとめられている。

＊2　私の著書『漢字論―不可避の他者』(岩波書店、二〇〇三)を参照されたい。
＊3　私の作業は『福沢諭吉『文明論之概略』精読』にまとめられた。岩波現代文庫、二〇〇五。
＊4　〈東亜〉という地域概念の成立をめぐっては、「昭和日本と「東亜」の概念」(『「アジア」はどう語られてきたか』所収、藤原書店、二〇〇三)を参照されたい。

「あとがき」にかえて　「中国の衝撃」とその後

溝口雄三が『中国の衝撃』（東大出版会）を出版したのは二〇〇四年五月である。「中国の衝撃」とは、中国だけではない、アジアの近代世界史への繰り込みを軍事力をもって強制した「西洋の衝撃《ウエスタン・インパクト》」に対していわれたものである。「西洋の衝撃」をいうことは歴史家に、この衝撃によって始まったアジアの近代化過程を記述させる。それに対して「中国の衝撃」をいうことは、中国の独自的近代化過程を記述しながら、その大きな歴史的結実としての現代中国の存立によって、既存の西洋中心的な世界史認識の転換を促そうとするのである。ところで溝口の『中国の衝撃』が出た二〇〇四年には政治的大国中国は、同時に経済的な大国としても世界に存立しようとしていた。それゆえ溝口の書は、近い時期における超大国中国の出現の衝撃を予告するものであった。この「中国の衝撃」をわれわれは二〇一二年秋の中国における反日暴動を通じてもろに体験することになった。

私はその一二年の一一月に、近代日本の中国に関わりをもった北一輝から竹内好、そして溝口雄三にいたる人びとの「中国論」の解読を『日本人は中国をどう語ってきたか』（青土社）として出版した。その最終章をなす原稿を書き上げたのがその年の九月二二日であった。この最終章「現代中国の歴史的な弁証論《アポロジー》」とは溝口雄三の『方法としての中国』と『中国の衝撃』をめぐるものであった。その結びをなす文章を書き終えたとき、私はふだん書くこともない擱筆の日付けを記した。すなわち「二〇一二年九月二二日擱筆」と。そこには二〇一一年九月以来『現代思想』誌に連載してきた「中国論を読む」という私の思想史的作業がようやく終わったという思いが当然あった。だがそれ以上に、溝口の『中国の衝撃』をめぐって最終章を書き終えようとしていたそのときに、われわれは現実に「中国の衝撃」を受けているという暗合に、運命的とでもいいたい重いものを私は感じ取っていたからでもあった。その九月二二日の新聞は、〈尖閣国有化〉という重大な政治的過誤の決定をくだした野田首相の民主党代表選における大差の再選を伝えるとともに、中国における領土問題をめぐる反日の動きのいっそうの拡大をも伝えていた。

日本政府の〈尖閣国有化〉に端を発した中国における激しい反日行動は、一部暴徒化したデモによる日系商業施設などの打ちこわしと掠奪などの暴力行為をも含んで、中国全土の主要都市で展開されていった。この反日的集団行動は九月一八日をピークにして、当局の抑制によって沈静化された。だが沈静化されたのは、ただ民衆を含んだ反日デモという政治的な集団行動だけであった。むしろ反日の動きは文化分野など多方面に拡大していった。日本のわれわれはこの激しい反日的集団行動をテレビの画面によって、その成り行きに不安と怖れとを抱きながら見つめていた。だがこの反日デモを見つめているうちに、これはただ単に中国民衆における愛国的意志の自発的な表現といったものではないと思うようになった。ここに見えるのは民衆の愛国的意志というよりは、中国の強い国家的意志であるように思われた。

中国民衆の愛国的意志はその表現過程で暴力化することの予想を、中国当局は当然もっていたはずである。にもかかわらず生じた日系企業や工場の破壊にも及んだ大規模な暴動をどう考えたらよいのか。さらに不思議であったのは、あの毛沢東像を掲げたデモ隊のあり方であった。毛沢東像は〈愛国無罪〉を保証するものとして民衆によって掲げられるものではない。〈文革〉を思わせる毛沢東像の掲示は、〈愛国無罪〉というよりは〈造反有理〉の保証として共産党内分子によってなされたものであったであろう。中国において〈愛国運動〉としてのみ許されるデモなどの集団的政治行動は、民衆的暴動に転化する危険性をもつことはつねにいわれてきたことだ。さらに毛沢東像を掲げた反日的集団行動が見せたのは、〈愛国運動〉が党内的権力闘争を思わせる側面をも示しながらも展開されたということであった。ここから〈尖閣問題〉を中国共産党内権力闘争の文脈で読もうとする誘惑を生じさせた。中国の政権交代を間近にした時期であることもあって、日本でも党内権力関係が詳細に分析されていったりした。だが私はむしろ今回の中国における反日的集団行動が毛沢東像を国旗とともに正面に掲げながら、一部暴動化する民衆をも含み込んで、全国的規模で展開されたそのことに、総体としての中国共産党国家政府の〈尖閣問題〉をめぐる強い国家的意志を感じ取ったのである。それは民衆の暴動化に見るような国内的危機を背景にして、退くことは決して許されない中国の対外的な強い国家意志である。中国は本気であると私は思った。

テレビに映し出された激しい反日デモによってわれわれはすでに「中国の衝撃」を受け取っていた。そのデモを見直し、読み直しながら私はあらためて中国が本気であることを知って、いっそう強く「中国の衝撃」を感じた。私が受けたその衝撃感には、溝口の『中国の衝撃』の読後感が加重されている。私は溝口のこの書によって現代中国の存立を〈衝撃〉として見直したのである。溝口がいう「中国の衝撃」とは、アジアと中国の近代史を政治的、軍事的、そして認識論的にも規定してきた「西洋の衝撃」に対していわれるものである。溝口は西洋的基準によらない「中国の独自的近代」の成立を、中国史の内部から読み出そうとした。だが考えてみれば、これは異様な歴史的、思想的作業である。日本の中国学者が現代中国の歴史的アイデンティティを創出するともいえる作業をしているのである。溝口は現代中国を生み出す母胎として前近代的中国を歴史的に再認識していく。この歴史遡行的な中国的母型の再認識作業が、〈清朝〉すなわち〈清帝国〉を、現代中国の〈中華主義的国家〉の母型として再発見していくのである。私にとって驚きであり、〈衝撃〉であったのは、溝口による〈清朝〉の歴史的再評価であった。

「もっぱら否定的にみられてきた清朝こそは、いいか悪いかは今はさておくとして、新疆、内蒙古、チベットなどを統合または併呑しつつ現在の中国の版図へと拡張した王朝であり、また文学・美術についてももっとも高い水準に到達した、いかにも最後の王朝にふさわしい繁栄を築いた王朝である。そしてこの王朝の遺産こそが、よきにつけ悪しきにつけ近代中国にもっとも直接的に継承されているはずなのである。」（溝口『方法としての中国』東大出版会、一九八九）

これは現代中国における清朝再評価の先駆けをなすような文章である。現代中国ははっきりと清朝の帝国的な国家版図を継承している。尖閣諸島についての領有意識もそれに基づくものである。この清朝の再評価は〈中華民族主義〉的国家という帝国的な国家の自己認識を導いていく。〈中華民族〉とは種族的な民族概念ではない。中華的世界における漢民族を中心にして周辺・辺境の多様な少数民族を包括していく帝国的な政治的、文化的な民族概念である。この〈中華民族主義〉は現代中国の国家的イデオロギーとして、いまチベット、ウィグルに対する開発的同化という抑圧的暴力として発動されている。そしてこの中華民族主義的世界は文化的には中華文化圏、あるいは中華文明圏といわれる。ただ中華文明圏といえば朝鮮や日本、そしてヴェトナムをも含んだ環中国的な文明的世界が意味される。〈清朝＝中華帝国〉は周辺諸国を包括する中華文明圏を構成していたのである。だから清朝の再評価的な想起は、中華文明圏をも想起することになるのだ。溝口はいま環太平洋圏・アメリカ圏・EU圏などと連関をもったものとして中華文明圏を想起すべきことを、日本への警告的意味をもこめながらいっているのである。

「もはや旧時代の遺物と思われてきた中華文明圏としての関係構造が、実はある面では持続していたというのみならず、環中国圏という経済関係構造に再編され、周辺諸国を再び周辺化しはじめているという仮説的事実に留意すべきである。とくに明治以来、中国経済的・軍事的に圧迫し刺激しつづけてきた周辺国・日本——私は敢えて日本を周辺国として位置づけたい——が、今世紀中、早ければ今世紀半ばまでに、これまでの経済面での如意棒の占有権を喪失しようとしており、日本人が明治以来、百数十年にわたって見てきた中国に対する優越の夢が覚めはじめていることに気づくべきである。」(溝口『中国の衝撃』二〇〇四)

ここにのべられているのは〈中華帝国〉的な言語による予言的事態である。「周辺国日本」に向けられた〈中華帝国〉の予言的警告が、溝口によって代弁されているのである。「これは不愉快な、しかし不気味な現実性をもった予言である」と、私はあの書の最終章に書いた。溝口が予言していた事態ははるかに早くやってきた。

私はこの溝口による〈中華帝国〉的予言に〈衝撃〉を受けた。溝口は現代中国が〈清朝〉帝国の再来ともいうべき〈中華民族主義的国家・中華帝国〉として存立しようとしていることをいっているのである。これは私にとって〈衝撃〉であった。その〈衝撃〉に、中国における〈尖閣問題〉をめぐって暴発する反日行動がもたらした〈衝撃〉を私は重ねていった。この二重化された〈衝撃〉を通じて、私は中国が本気であることを知ったのである。本気であるとは、ただ〈尖閣諸島／釣魚島〉の領有を中国が本気で主張していることだけをいうのではない。〈中華民族主義的国家〉としての国家的な存立に中国は本気であるということである。中国はチベットをめぐる国際的非難にもかかわらず、チベットの抑圧的同化を妥協することなく押し進めている。そしていま中国は〈大中華主義的国家〉にふさわしい領海と海洋権益とを〈核心的利益〉として主張しているのである。われわれが知らなければならないのはこのことである。チベットでも、ウィグルでも決して退くことのない中国は、ここでも退くことは決してないだろう。

野田前首相による〈尖閣国有化〉の決定を重大な政治的な過誤だと私はいった。彼は何を読み違えたのか。中国が本気であることを。これに本気である中国とは、〈大中華主義的国家〉として世界に、東アジアに存立しようとする中国である。この中国とは一九八九年六月四日の天安門事件による改革的希望の圧殺の上に築かれた政治的、経済的大国中国である。この大国中国は、いまや本気で、しかしいつでも暴動化する民衆を、あるいは周辺諸民族を抑えこみながら、〈大中華主義的国家〉中国たろうとしているのである。〈尖閣問題〉とは、この中国をわれわれの眼前に〈衝撃〉とともに登場させたのである。

〈領土問題〉は二〇世紀的な歴史問題の形をとり、その歴史問題の決着としての解決が求められたりしている。だが二一世紀的現在のわれわれに突き付けられている日中・日韓の〈領土問題〉とは、決して一九四五年の問題でも、一九七〇年代の問題でもない。われわれが眼前にする〈領土問題〉とは、二一世紀の現代中国・現代韓国との間に生じている問題である。それは二一世紀的中国と韓国とわれわれが本気で向かい合いながら、どのようにして東アジア的世界をこの世紀に再構築していくかを追求することの中でしか解決しないと私は考える。私がいま「中国の衝撃」をいうのは、二一世紀的中国の存立にわれわれがまず正面することからしか、新たな関係の構築に向けての模索もなにもないからである。

私は以上のような文章を二〇一二年一二月の『現代思想』特集号「尖閣・竹島・北方領土――アジアの地図の描き方」に書いた。それは中国、韓国、そして日本でも政権の交代がなされようとする時期であった。この政権交代によって膠着した日中・日韓の政治関係に何らか打開の道がつけられることが期待された。だがそれ以後日中・日韓の国家間関係はむしろいっそう国家主義的、民族主義的対立の度合いを深めていったように思われる。歴史修正主義者である安倍という政治家は、アジアに本質的なシンパシーをもっていないと私は思っている。彼はただ中国に対する日米同盟を軸にした対抗的〈帝国〉の構築をしか考えようとはしていない。「中国の衝撃」のその後の東アジアは、〈東アジア〉をいうことさえ空々しいような緊張と対立の中にある。

だがこの東アジアにおいて〈もう一つの東アジア〉への可能性をわれわれに開いたのは、昨年の春の台湾における学生・市民による中台服務貿易協定に反対する〈太陽花《ひまわり》運動〉であった。そして同じ昨年の秋には香港で二〇一七年に予定されている行政長官選挙をめぐる中国側が設けた反民主的な規制に抗議する学生らは数万人で香港の中心部を占拠した。この台湾の学生たちもやがて占拠していた立法院から撤退し、香港の学生たちも中心市街の占拠を解いていった。だがそれは決して運動の敗北を意味するものではなかった。台湾市民の、香港市民のほんとうの自立的運動がそこから始まったのであるし、〈もう一つの東アジア〉への可能性がそこから開かれたのである。そしてさらに彼らの運動は日本のわれわれに、沖縄における反基地闘争をただ沖縄県民、現地住民にゆだねていることへの批判を含む大きな問題提起であったと私は思っている。沖縄の〈民〉の抵抗運動もまた〈もう一つの東アジア〉を開く〈東アジアの民〉の連帯的運動の強い一環をなすものではないのか。

私は昨年四月に台北で〈太陽花運動〉を展開する学生たちに接して、〈東アジア〉問題を考える上での重要な示唆とともに、強い刺戟をも受けた。本書の第一部を構成する諸章はその示唆と刺戟とのもとに書かれていったものである。それらはまた「中国の衝撃」とその後の〈東アジア〉の政治的、言説的事態をめぐる私の思想的報告でもある。

本書の第一部の第1章〜第5章は東京の昭和思想史研究会と大阪の懐徳堂研究会が主催する

市民講座「中国問題」で講じられたものである。第5章はこの市民講座とともに、ソウルの韓国学術協議会が主催するゼミナールでも講じられた。第6章は同じくソウルの韓国学術協議会主催の一般市民に公開された講演会でなされた講演である。また第7章は『朝鮮日報』社の企画する対話形式によるインタビューを受けた際の私の回答の全文である。以上の文章はいずれも日付をもっている。それらはみな二〇一四年という〈東アジア〉の歴史的、政治的、言説的状況下での発言であり、文章である。

本書の第二部をなす第8章〜第11章の諸章は「中国の衝撃」とその後の文章というよりは、「中国の衝撃」を予想し、予感しながら書かれ、話された文章からなっている。そのいずれも台湾の新竹、アメリカのシカゴ、そして大阪の大学での講演・講義の原稿である。そしてこれらの文章もまたはっきりした日付をもっている。これらの日付は私における「中国問題」「東アジア問題」をめぐる二一世紀の思考過程を記すものである。

私の「中国・東アジア問題」をめぐるこれらの論説はいずれも東京・大阪で、ソウルで、また台湾の新竹で市民・学生・研究者たちに向けて公開《オープン》的に語られたものである。だがこれらを日本で印刷物として出版し、公開することは難しい。そこには〈党派的〉というべき規制がつきまとう。〈党派性〉とは社会主義国だけの問題ではない。私は已むなくブログによって私の文章をネット上に公表していった。だがネット上の言説をどれほど多くの人が見ようとも、それが世の公開的言論（公論）を構成する力をもってはいない。私はやはりこれらの文章が一冊の本に編まれ、印刷され、出版されることを願った。私のこの願いに応えてくれたのは社会評論社の松田健二社長であった。私は松田社長のこのご厚意に深く感謝するとともに、この書の出版がそのご厚意に報いるだけの実績をもちうることを切に願っている。

二〇一五年二月二三日

子安宣邦

子安宣邦（こやす　のぶくに）

1933年生まれ。日本思想史家。東京大学大学院人文科学研究科（倫理学専攻）修了。大阪大学名誉教授、日本思想史学会元会長。

主な著書に、『江戸思想史講義』『日本近代思想批判』『本居宣長』『思想史家が読む論語』（岩波書店）、『〈アジア〉はどう語られて来たか』『昭和とは何であったか』（藤原書店）、『日本ナショナリズムの解読』『歎異抄の近代』（白澤社）、『伊藤仁斎の世界』『平田篤胤の世界』（ぺりかん社）、『国家と祭祀』『〈近代の超克〉とは何か』『和辻倫理学を読む』『日本人は中国をどう語ってきたか』（青土社）ほか。

帝国か民主か　——中国と東アジア問題

2015年4月15日　初版第1刷発行

著　者——子安宣邦
装　幀——中野多恵子
発行人——松田健二
発行所——株式会社 社会評論社
東京都文京区本郷 2-3-10 お茶の水ビル
TEL.03-3814-3861／FAX.03-3818-2808
http://www.shahyo.com
組　版——株式会社 ライズ
印刷・製本——株式会社 ミツワ